V&R

Karl König
Reinhard Kreische

Psychotherapeuten und Paare

Vandenhoeck & Ruprecht
in Göttingen

CIP-Titelaufnahme der Deutschen Bibliothek

König, Karl:
Psychotherapeuten und Paare / Karl König; Reinhard Kreische.
– Göttingen: Vandenhoeck und Ruprecht, 1991
ISBN 3-525-45730-8
NE: Kreische, Reinhard

Umschlagabbildung: *René Magritte,* Les Amants (Die Liebenden), 1928,
Öl auf Leinwand, 54 x 73 cm. © 1990, Copyright by
COSMOPRESS, Genf.

Printed in Germany
Druck und Einband: Hubert & Co., Göttingen

Inhalt

Vorwort

In jeder Paarbeziehung wirken sich vergangene Erfahrungen und Lebensumstände der Partner im Gegenwärtigen aus. Das tun auch die aktuellen Beziehungen außerhalb der Dyade. Pathologie, die von den Partnern mitgebracht wird, führt zu Störungen des miteinander Umgehens; im miteinander Umgehen entsteht neue Pathologie. Pathologie verschränkt sich mit Gesundem, Gesundes verschränkt sich mit Pathologie.

Es ist für Psychotherapeuten nützlich, klare und möglichst differenzierte Vorstellungen davon zu haben, wie Paarbeziehungen entstehen und wie sie sich entwickeln, wie schon bei der Partnerwahl ein Konflikt angelegt werden kann und wovon es abhängt, ob eine Paarbeziehung bestehen bleibt oder nicht, warum sie dekompensieren kann und wie dann die Prognose ist.

Ein jeder Psychotherapeut macht hier seine Erfahrungen, nicht nur wenn er Paartherapie betreibt, sondern auch in Einzel- und Gruppenpsychotherapien der Partner.

Die Autoren dieses Buches haben Erfahrungen in psychoanalytischer Einzel-, Gruppen- und Paartherapie gesammelt. Gemeinsam arbeiten sie an der Abteilung für Klinische Gruppenpsychotherapie der Universität Göttingen, die in der Paartherapie einen ihrer Schwerpunkte hat. Beide Autoren sind Lehr- und Kontrollanalytiker des Instituts für Psychoanalyse und Psychotherapie in Göttingen, beide haben an der Neurosenklinik Tiefenbrunn bei Göttingen gearbeitet. Reinhard Kreische ist auch in psychoanalytischer Familientherapie ausgebildet.

In diesem Buch sind Erfahrungen niedergelegt, die seine Autoren deshalb sammeln konnten, weil sie ihre Aufmerksamkeit in einem Schwerpunkt auf Paarbeziehungen ausrichteten. Diese Erfahrungen und die daraus entstandenen Konzepte wollen wir Kollegen vermitteln, deren Aufmerksamkeit sich vielleicht mehr auf andere Aspekte von Beziehungen richtet, die in ihrer praktischen Arbeit aber auch mit Paarbeziehungen zu tun bekommen und ihre Kenntnisse darüber erweitern wollen.

In unseren Konzeptualisierungen streben wir eine Synthese von Objektbeziehungstheorie und Ich-Psychologie an, wie sie zum Beispiel von *Kernberg* versucht wird; gleichzeitig nutzen wir Aspekte der Systemtheorie, wenn es um Interpersonelles geht. Auch auf Untersuchungsergebnisse und Konzepte der allgemeinen Sozialpsychologie nehmen wir Bezug.

Die konzeptuellen Grundlagen werden zu Anfang des Buches vorgestellt. Obwohl wir uns auch dort um gute Lesbarkeit bemüht haben, erfordern sie wohl eine aufmerksame Lektüre. Andere Kapitel sind mehr phänomenologisch orientiert und leichter zu lesen. An manchen Stellen mag sich der Leser fragen, warum etwas beschrieben wird, das doch jeder weiß. Nicht alles, was man weiß, ist aber auch wirksam. Wir haben in Supervisionen festgestellt, daß bestimmte Bereiche des Alltagswissens oft nicht berücksichtigt werden. Das führt dann dazu, daß die Wahrnehmung der Phänomene verfälscht wird, weil psychoanalytische Konzepte gegenüber dem Alltagswissen ein unangemessenes Übergewicht bekommen. Alltagsrealität und Phantasie sollten im Wahrnehmungsfeld des Therapeuten in einem angemessenen Verhältnis stehen.

Alltagswissen ist immer subjektiv gefärbt, und die Autoren legen hier eigene Standpunkte dar. Der Leser kann sie entweder akzeptieren oder aber in einer Auseinandersetzung mit ihnen die eigenen Standpunkte klären.

Obwohl dieses Buch für Fachleute geschrieben ist, können auch Laien es lesen. Für solche Leser möchten wir klarstellen, daß unmittelbare Lebenshilfe hier nicht geboten werden kann. Das Buch soll eine Therapie oder Beratung nicht ersetzen.

Freud hat als Ziel einer psychoanalytischen Therapie die Wiederherstellung von Liebes- und Arbeitsfähigkeit genannt. Psychotherapie beschäftigt sich mit den Hindernissen, die sich der Liebe entgegenstellen; bei schweren Störungen kommt es auch vor, daß sich die Fähigkeit zu lieben noch nicht entwickelt hat. Die psychoanalytischen Konzepte beziehen sich auf Teilaspekte von Liebe. Andere Aspekte haben die Dichter besser erfaßt.

Während wir es uns in den Vorlesungen und Seminaren angewöhnt haben, von Patientinnen und Patienten, Therapeutinnen und Therapeuten zu sprechen, verwenden wir in diesem Buch meist das verallgemeinernde Maskulinum, wenn wir beide Geschlechter meinen. Die Lesbarkeit des Buches würde sonst zu sehr beeinträchtigt. Kommt es aber auf das Geschlecht im besonderen Maße an, sprechen wir ausdrücklich von Frau und Mann.

Vieles, was in diesem Buch beschrieben ist, haben wir mit Kollegen und Kolleginnen diskutiert; besonders mit *Joachim*

Biskup, *Gerlinde Herdieckerhoff* und *Falk Leichsenring*. Engagierte, manchmal auch kontroverse Diskussionen, aus denen wir gelernt haben, gab es mit *Christa Rohde-Dachser*.

Erika Dzimalle, Elsbeth Wildhagen und *Rita Rivera* haben mehrere Versionen des Manuskriptes rasch und zuverlässig geschrieben, bei der Literatursuche halfen uns *Susan Lathe* und *Angelika Sticherling*.

Auch mit unseren Frauen, mit *Gisela König* und *Cornelia Kreische-Przywara*, haben wir viele Fragen, um die es in diesem Buch geht, diskutiert, nicht nur unter fachlichen Gesichtspunkten.

Allen, die an der Entstehung des Buches direkt oder indirekt beteiligt waren, möchten wir unseren herzlichen Dank aussprechen - besonders auch unseren Patientinnen und Patienten.

Je mehr ein Therapeut über die Faktoren weiß, von denen eine Partnerwahl abhängt, desto besser kann er abschätzen, wie hoch der neurotische Anteil bei der Partnerwahl eines bestimmten Patienten ist. Dies sagt nicht nur etwas über den Patienten selbst aus, sondern auch über die Prognose seiner Partnerschaft. War sie wesentlich durch die Neurose des Patienten bestimmt und wird die Neurose aufgearbeitet, kann sich herausstellen, daß damit auch die Basis der Partnerschaft schwindet. Allerdings führen in vielen Fällen auch bei einer ursprünglich neurotischen Partnerwahl das gemeinsame Miteinander über längere Zeit und die gemeinsame Lebensgeschichte zu einer Bindung, die noch trägt, wenn sich die ursprünglichen Motive zur Partnerwahl auflösen werden.

Ein wichtiger Faktor bei der Partnerwahl sind Vertrautheitsgefühle. Die Erfahrungen mit wichtigen Personen in der Ursprungsfamilie richten die Wahl auf ähnliche Personen aus, weshalb wir auch von einem Wunsch nach Familiarität (*König* 1982) sprechen. Während eine äußere Ähnlichkeit mit den Eltern eher hemmt, weil sie das Inzesttabu aktiviert, wird die Partnerwahl durch Ähnlichkeiten des Verhaltens gefördert. Manchmal erfolgt die Partnerwahl antithetisch zum Verhalten eines Elternteils, weil man mit dem entsprechenden Elternteil schlechte Erfahrungen gemacht hat. Im weiteren Verlauf kann sich dann herausstellen, daß sich dieses gegensätzliche Verhalten des gewählten Partners ebenfalls antithetisch zu Personen in der eigenen Familie entwickelt hat, mit denen sich der gewählte Partner aber doch gleichzeitig identifizierte. Unter dem gegenteiligen Verhalten liegt dann genau ein Verhalten, das der Wählende von Vater oder Mutter oder beiden her kennt.

Die Ähnlichkeiten des Partners mit wichtigen Personen der Ursprungsfamilie sind zum Teil real, zum Teil sind sie hinzuphantasiert. Der Wählende versucht, tatsächlich vorhandene Ähnlichkeiten durch Einsatz seiner Phantasie zu verstärken. Nicht vorhandene Verhaltensweisen erwartet er, und vom Vertrauten abweichende blendet er aus.

Bei der Partnerwahl findet also etwas Ähnliches statt wie bei der Übertragung in einer Therapie. Der Übertragende hat in einer Alltagsbeziehung mehr Möglichkeiten, seine Phantasie vom Gewählten zu überprüfen, er nutzt sie aber nicht immer, wenn der Wunsch stark ist, der andere möge so sein, wie er ihn phantasiert. Wie auch sonst bei der Übertragung, versucht der Wählende, das Realverhalten des Gewählten so zu beeinflussen, daß dieser sich den Erwartungen angleicht. Es handelt sich um eine unbewußte Form der interpersonellen Manipulation (*König* 1984). So wird ein Regelkreis etabliert: Bewirken die unbewußt eingesetzten, zum großen Teil nonverbalen Signale, daß der andere die erwarteten Eigenschaften zu stark entwickelt, werden die Signale wieder zurückgenommen; entwickelt er sie zuwenig, werden sie verstärkt. Wenn jemand auf den interaktionellen Anteil der Übertragung eines anderen reagiert, kann er in Konflikte geraten mit dem eigenen Wunsch nach Selbstverwirklichung. Diese Konflikte labilisieren die Beziehung.

Bedarf es stark wirksamer Signale, um das erwartete Verhalten zu erreichen, wird dem Wählenden früher oder später deutlich, daß der Partner "nicht eigentlich so ist, wie er sich gibt". Er fühlt sich getäuscht, weil er nicht weiß, daß er selbst es war, der das Verhalten des anderen entsprechend beeinflußt hat. Er merkt nur, daß der andere sein anfängliches Verhalten nicht durchhalten konnte.

Aber auch der Gewählte ist ein Wählender. Auch er sucht vertraute Objekte. Auch er setzt Phantasie ein und versucht, den anderen durch den interaktionellen Anteil der Übertragung oder, wie man es auch nennen kann, durch projektive Identifikation vom Übertragungstyp (*König* 1991) passend zu machen. Eine Beziehung kommt dann zustande, wenn die Wünsche nach Familiarität beider Partner befriedigt werden können - und wenn auch andere Bedingungen erfüllt sind, auf die wir noch eingehen werden.

Der Wunsch nach Familiarität steht nun aber in Konflikt mit dem Interesse an einem sexuell erregenden Objekt. Nicht nur Beobachtungen aus der Ethologie, sondern auch aus der menschlichen Verhaltensforschung weisen darauf hin, daß zu starke Vertrautheit sexuell hemmend wirkt (*Bischof* 1985). Wahrscheinlich ist das Inzesttabu nur eine Codifizierung und Verstärkung von Aversionen und Präferenzen, die zu unserer psychischen Grundausstattung gehören. Wenn auch das Inzesttabu eher durch Aussehen als durch Verhalten aktiviert wird, kann eine starke Verhaltensähnlichkeit sich am Ende ähnlich auswirken wie Ähnlichkeiten der äußeren Erscheinung: Die sexuelle Attraktivität des Partners, der den Primärobjekten zu ähnlich ist, wird gehemmt. Menschen, die von den Objekten ihrer Primärfamilie sehr abhängig geblieben sind und mehr Angst vor Neuem in Beziehungen haben, werden eher dazu neigen, eine große Ähnlichkeit durch Wahl und Beeinflussung eines entsprechenden Partners herzustellen, was dann auf Kosten der sexuellen Attraktivität des Partners geht. Das Verschwinden der sexuellen Attraktivität kann die Beziehung wiederum labilisieren; oft überwiegt aber der Wunsch, mit einem vertrauten Partner zusammenzubleiben, den Wunsch nach sexueller Befriedigung.

Zur Familiarität, die aus der Ursprungsfamilie stammt, tritt im Laufe einer gemeinsam gelebten Beziehung neue Familiarität, die sich mehr als anfangs darauf bezieht, wie der Partner wirklich ist. Diese Form der Familiarität stabilisiert eine Beziehung wohl am meisten. Sie löst die anfängliche Verliebtheit ab. *Freud* (1921) nannte die Verliebtheit "Sexualüberschätzung", wahrscheinlich hat sie viel mit der Übertragung idealer oder idealisierter Aspekte der Objekte in der Primärfamilie zu tun. Zärtlichkeit dürfte der Übertragungsauslöser dafür sein.

Kollusionen (vgl. *Dicks* 1967, *Willi* 1975) sind Beziehungsformen zwischen zwei oder mehr Menschen, die zueinander passen wie der Schlüssel und das Schloß. Kollusionen zwischen Partnern können durch zweierlei motiviert sein: durch Beziehungswünsche, die aufgrund einer Fixierung auf einer bestimmten Ebene der psychosexuellen Entwicklung entstehen, oder durch den Wunsch nach innerer Konfliktentlastung.

Willi (1975, 1978) hat das Angebot einer bestimmten Kollusionsform als bestimmenden Faktor der Partnerwahl herausgestellt. Die von ihm beschriebenen Partner gleichen sich in ihren Triebfixierungen und gehen auf der Ebene einer bestimmten Triebfixierung miteinander um. Den Triebfixierungen entsprechen bestimmte zentrale Beziehungswünsche (*König* 1988).

In der Beziehung nimmt der eine Partner eine "progressive", der andere eine "regressive" Position ein. Die Begriffe "progressiv" und "regressiv" bezeichnen eine bestimmte Rollenverteilung, zum Beispiel bei der oralen Kollusion in der Form, daß der eine pflegt und füttert und der andere sich pflegen und füttern läßt. Der Pfleger möchte aber latent auch gepflegt werden, und der Pflegling möchte latent auch pflegen.

Die Partner teilen hier zentrale Beziehungswünsche. Sie haben damit eine gemeinsame Ebene, auf der sich wesentliche Interaktionen abspielen, zum Beispiel die Ebene des Versorgens bei der oralen Kollusion oder die Ebene des Kontrollierens bei der analen.

Was einem wichtig ist, ist einem auch etwas wert: Die Triebfixierung führt zu bestimmten Wertvorstellungen, die aus der Werteskala, die die Gesellschaft zur Verfügung stellt, entsprechend ausgewählt werden. Die Fixierung beinhaltet immer zwei Aspekte: einen Triebaspekt und einen Ich-Aspekt; das heißt, es werden zum einen bestimmte Aspekte der Triebbefriedigungswünsche aus der Zeit, in der es zu der Fixierung kam, beibehalten. Zum anderen bleibt aber auch die Ich-Entwicklung auf dem Stadium jener Zeit partiell stehen. So werden zum Beispiel Menschen, die auf dem Stadium der ungenügenden Ich-Du-Differenzierung fixiert sind, den anderen wenig wahrnehmen, wie er ist, da ihre Wahrnehmung nicht auf unterscheidende Details von Ich und Du ausgerichtet ist und damit auch die Fähigkeit zu unterscheiden ungenügend entwickelt wurde. Darüber hinaus wird aber auch die Beziehungsform jener Zeit bewahrt, so bei der schizoiden Struktur die Ich-Du-Verschmelzung, bei der narzißtischen Struktur die Phantasie eigener Größe unter Funktionalisierung anderer Menschen, bei der zwanghaften Struktur die Kontrolle und Allmacht, bei der phallischen Struktur die Überbewertung der die Geschlechter unterscheidenden Eigenschaften.

Wir ziehen es vor, statt von einer progressiven und regressiven Position von einer Eltern- und einer Kindrolle zu sprechen, um einen Bezug zur Objektbeziehungstheorie herzustellen (*König* und *Kreische* 1985). Das obige Beispiel vom Pfleger und vom Pflegling wär eines für eine Elternteil-Kind-Kollusion: Der Pfleger ist in der Elternrolle, der Pflegling in der Kindrolle. Daneben gibt es eine Kollusion, bei der beide Partner sich in einer Elternposition befinden. Wir sprechen hier von einer Elternteil-Elternteil-Kollusion. Die "Kinder" finden sich hier außerhalb der Dyade. Bezogen auf die orale Kollusion kann das so aussehen, daß beide Partner in sozialen Berufen leben und ihre Klienten wie Kinder behandeln. In der Paarbeziehung besteht dann kein Bedürfnis, den Partner zu infantilisieren. Bei der Kind-Kind-Kollusion sind beide Partner in der Beziehung wie Kinder. Sie fühlen sich abhängig von "Eltern", die außerhalb der Dyade sind. Eine solche Kollusion findet sich zum Beispiel bei Partnern, die sich in einer Kurklinik oder einer psychotherapeutischen Klinik kennenlernen, in der sie von der Institution und den Ärzten und Schwestern "gepflegt" werden, so daß beide ihren kindlichen Bedürfnissen nachkommen können, ohne daß dies die Paarbeziehung belastet. Bleibt die Beziehung erhalten, treten nach der Entlassung aus der Klinik dann oft Probleme auf, wenn es nicht gelingt, neue Personen in die Elternposition zu bringen.

Welche Rollenverteilung gesucht wird, bestimmen die Erfahrungen in der Primärfamilie. Für eine Kind-Kind-Kollusion kann eine enge Geschwisterbeziehung bestimmend sein, oft mit einem Zusammenschluß gegen die Eltern. In der Elternteil-Elternteil-Kollusion können frühe Anforderungen an das Kind, Elternfunktionen per Parentifizierung in der Familie zu übernehmen, die gesuchte Beziehungsform bestimmen. Insofern sind die Elternteil-Elternteil-Kollusionen meist keine reifen Beziehungsformen, sondern solche, in denen eine Elternrolle aus einer kindlichen

Position heraus eingenommen wird, nämlich der des parentifizierten Kindes, das, weil es nie richtig Kind sein durfte, nie richtig erwachsen werden konnte.

Sind die Plätze der Elternobjekte durch die realen Eltern oder durch Eltern-Ersatzfiguren besetzt, kann für einen Partner das Bedürfnis, ein Elternteil auch in der Dyade zu haben, geringer sein, als wenn die Elternplätze leer sind, so daß eher eine Kind-Kind-Kollusion zustande kommt.

Eine Elternteil-Elternteil-Kollusion kann gefördert werden, wenn beide Partner zur Zeit der Wahl in einer versorgenden Institution tätig waren, zum Beispiel in einer Beratungsstelle, wo man mit Patienten oder Klienten in gewisser Hinsicht wie mit Kindern umging. Bei einer solchen Kollusion wirkt ein Wechsel der Arbeitsstelle labilisierend, wenn an der neuen Arbeitsstelle ein anderer Umgang mit den Klienten praktiziert wird. Dann können beide Partner versuchen, den jeweils anderen zum Kind zu machen, um das Kind in der Dyade zu aktualisieren.

Umgekehrt wirkt es sich auf eine Kind-Kind-Kollusion labilisierend aus, wenn Eltern oder Elternersatzfiguren des Paares verlorengehen oder wenn neue hinzutreten.

Ein hinzutretender Dritter repräsentiert nicht selten ein wichtiges inneres Objekt oder einen Selbstanteil, das oder der in der Beziehung nicht untergebracht werden konnte. So kann eine Patientin, die mit einem besonders weichen Mann verheiratet ist, den sie antithetisch zu ihrem Vater gewählt hat, später eine Außenbeziehung zu einem ausgesprochenen "Macho" aufnehmen.

Am reifsten wäre wohl eine Erwachsene-Erwachsener-Beziehung. "Erwachsene" (als Alternative zum "Elternteil") nennen wir in diesem Zusammenhang Personen, die nicht auf eine bestimmte Beziehungsform fixiert sind, sondern das ganze Spektrum der Lebensmöglichkeiten eines Erwachsenen zur Verfügung haben. Das sollte die Möglichkeit einschließen, selbst zu regredieren oder die Regression des anderen zu ertragen, wenn er zum Beispiel erkrankt. Reife Elternpositionen sollten den eigenen Kindern gegenüber eingenommen werden können, aber auch dem erkrankten Partner gegenüber. Umgekehrt sollte ein erkrankter Partner die mit der Erkrankung verbundene Infantilisierung ertragen und den gesunden Partner in der Elternposition akzeptieren können.

Bisher war von Kollusionsformen die Rede, bei denen die Ebene der Triebfixierung beider Partner manifest ist. Nicht immer aber zeigt sich die Triebfixierung, die eine Kollusionsform kennzeichnet, bei beiden Partnern an deren psychischer Oberfläche. Die gleiche Triebfixierung kann bei einem Partner manifest, beim anderen latent sein, also nicht ins Bewußtsein zugelassen, sondern abgewehrt. Wir sprechen dann von einer gekreuzten Kollusion bei einem mehrschichtigen Charakter (*König* und *Kreische* 1985). Die Kollusion besteht hier zwischen einem Oberflächenstrukturanteil des einen und einem tieferliegenden Strukturanteil des anderen Partners. Solche gekreuzten Kollusionen sind häufig und werden um so eher gesucht, je mehr Nichtakzeptiertes, aber doch in irgendeiner Weise Lebensnotwendiges in tieferen Schichten des Charakters abgewehrt existiert. Es kann dann im anderen, wo es an der Oberfläche liegt, bekämpft oder genossen werden. Eine solche Kollusion führt zu einer inneren Konfliktentlastung.

Direkte Kollusionen, das Gegenstück zu den gekreuzten Kollusionen, werden dann gesucht, wenn sich die Fixierungsstellen beider Partner gleichen und sich in den tieferen Schichten des Charakters keine anderen ähnlich starken Beziehungswünsche finden, die abgewehrt sind. Dagegen kann zum Beispiel ein zwanghafter Mann die Willkür seiner hysterischen Ehefrau faszinierend finden und gleichzeitig bekämpfen. Sie entspricht seiner eigenen Willkürlatenz, die zur Verwirklichung drängt, aber Angst macht. Hier handelt es sich um verschiedene Verarbeitungsformen von Willkür auf verschiedenen Ebenen der Entwicklung. Die Kollusion ist nicht durch die Triebfixierungsebene bestimmt, sondern durch ein Grundphänomen (Willkür), das bei verschiedenen Menschen verschieden verarbeitet sein kann.

Was wir gekreuzte Kollusion nennen, ist ein Zusammenspiel projektiver Identifikationen vom Konfliktentlastungstyp bei beiden Partnern. Innere Objekte oder Anteile des Selbst, die mit anderen inneren Objekten oder mit Selbstanteilen im Konflikt stehen, werden externalisiert, weil ein interpersoneller Konflikt von den Partnern, zumindest zu Beginn der Beziehung, besser ertragen wird als ein innerer. Ein Beispiel ist die Verbindung einer überbescheidenen Frau, deren Über-Ich ihr eigene Wünsche und Ansprüche verbietet, so daß diese Seite ihrer Persönlichkeit verdrängt wird, mit einem sehr expansiven Mann, der sein Über-Ich partiell außer Kraft setzt. Der bei einem selbst unterdrückte Persönlichkeitsanteil wird im anderen gesucht, wobei das Verhalten des anderen entsprechend der eigenen Erwartung, meist durch unbewußte interpersonelle Manipulation, verstärkt wird.

Der alte Spruch "Gegensätze ziehen sich an" findet hier eine Erklärung, während die direkte Kollusion, die durch ähnliche Triebfixierungen beider Partner gekennzeichnet ist, dem Modell "Gleich und gleich gesellt sich gern" folgt.

Kollusionen auf der gleichen Triebfixierungsebene können durch eine Polarisierung der Eltern-Kind-Rolle scheitern oder einfach dadurch, daß sie das Leben einengen und außerhalb der Beziehung ein Partner auftaucht, der andere Lebensmöglichkeiten verspricht. Gekreuzte Kollusionen können dekompensieren, weil es primär nicht um vertraute Objektbeziehungsformen geht, die etwas Gemeinsames darstellen, sondern eben um intrapsychische Konfliktentlastung, wobei sich die Partner gegenseitig die Rolle zuweisen, einen Teil der eigenen inneren Objekte oder Selbstanteile zu repräsentieren, eben gerade diejenigen, die mit anderen Objekten oder Selbstanteilen in Konflikt liegen. Eine solche Partnerwahl führt zwar zur innerseelischen Konfliktentlastung, bedeutet aber von vornherein die Wahl eines interpersonellen Konflikts in der Beziehung.

Besonders bei schizoiden Menschen kommt es zu Partnerwahlen nach dem kommunikativen Typ der projektiven Identifikation (*König* 1991). Selbstanteile werden deshalb im Partner gesucht, weil Kommunikation nur möglich ist, wenn der andere ganz ähnlich erlebt und fühlt wie der Schizoide selbst.

Schließlich wollen wir das Kollusionskonzept noch unter einem weiteren Aspekt diskutieren. Kollusionen können auch als psychosoziale Kompromißbildungen aufgefaßt werden. Psychosoziale Kompromißbildungen sind Abwehrformen, mit deren Hilfe Paare (oder Mitglieder einer Gruppe) versuchen, intrapsychische Konflikte oder Spannungen interpersonell auszutragen. Die Partner versuchen im psychosozialen Kompromiß einen Gleichgewichtszustand herzustellen, in dem die intrapsychischen Spannungen beim Mann und bei der Frau und die interpersonellen Spannungen in der Paarbeziehung so ausbalanciert werden, daß die Toleranzgrenzen der Partner nicht überschritten werden und der Zusammenhalt der Paarbeziehung gewährleistet ist. Im Konzept von den psychosozialen Kompromißbildungen, wie es *Brocher* (1967), *Heigl-Evers* und *Heigl* (1975, 1979) und *Mentzos* (1976) entwickelt haben, handelt es sich bei den zugrundeliegenden intrapsychischen Konflikten um Konflikte zwischen einem Triebimpuls und dessen Abwehr. In Paarbeziehungen können derartige intrapsychische Konflikte beider Partner interpersonell zum Beispiel so ausgetragen werden, daß der eine die Triebseite lebt, der andere die Abwehrseite.

Neben dem Konflikt zwischen einem Triebimpuls und dessen Abwehr können weitere intrapsychische Spannungen zu psychosozialen Kompromissen führen, zum Beispiel die Spannung zwischen dem Wunsch nach einem vertrauten und dem Wunsch nach einem erregenden Objekt. Auch kann der Wunsch nach einem Vaterobjekt und der gleichzeitige Wunsch nach einem Mutterobjekt zu Spannungen führen. Häufig sind in die daraus resultierenden psychosozialen Kompromisse neben dem Partner noch andere Beziehungspersonen außerhalb der Dyade einbezogen, die das Objekt repräsentieren, das im Partner nicht untergebracht werden kann.

Psychosoziale Kompromißbildungen sind labil, wenn sie die Bedürfnisse der beteiligten Interaktionspartner in ungleichem Ausmaß befriedigen. Sie sind stabil, wenn sich ein Gleichgewichtszustand eingestellt hat. Die psychosozialen Kompromisse, die wir in Therapien zu sehen bekommen, sind meist dadurch gekennzeichnet, daß die Partner mit ihnen unzufrieden sind und sie dennoch stabil sind. Der stabilisierende Faktor ist hierbei oft der Wunsch nach Familiarität, das heißt, daß die Partner ein unbefriedigendes Verhaltensmuster beibehalten, weil es ihnen vertraut ist. Ein weiteres Motiv, die Kompromißbildung beizubehalten, ist eben die innere Konfliktentlastung.

Das Kollusionskonzept nach *Willi* (1975) beschreibt mehr die Impuls- beziehungsweise die Wunschseite der intrapsychischen Spannungen und ihre interpersonellen Folgen, das Konzept der psychosozialen Kompromißbildung beschreibt mehr die Abwehrseite *desselben Vorgangs*. Gemeinsam ist beiden Konzepten die Beschreibung interpersoneller Auswirkungen von intrapsychischen Vorgängen bei mehreren Personen, die miteinander in Beziehung stehen.

Zentrale Beziehungswünsche

Zentrale Beziehungswünsche (*König* 1988) sind die Folge von Triebfixierungen. Führen sie zu Kollusionen, so können sie mit dem Konzept von *Willi* (1975) beschrieben werden.

Das Konzept der zentralen Beziehungswünsche ist objektbeziehungstheoretisch orientiert, ohne daß ichpsychologische Gesichtspunkte vernachlässigt werden, es entspricht insoweit den Positionen von *Kernberg* (1981).

Im folgenden soll nun dargestellt werden, wie die zentralen Beziehungswünsche von Partnern ineinandergreifen, welche Rolle dieses Ineinandergreifen bei der Partnerwahl spielt, und wie sich Kollusionen auf der Ebene der zentralen Beziehungswünsche entwickeln können.

Eine Beziehung wird, wie schon ausgeführt, zu einer bestimmten Art von Objekt gewünscht, und die Beziehung soll eine bestimmte Form haben. Beides steht miteinander in Zusammenhang.

Wer eine *Beziehung nach dem Modus der Verschmelzung nach Art der narzißtischen Symbiose* wünscht, phantasiert ein Objekt, das keine überschaubaren, scharfen Grenzen hat. Ein solches Objekt kann durch eine Landschaft, einen Wald oder ein Meer repräsentiert sein. Die Grenzen des Menschen, mit dem eine solche Beziehung gewünscht wird, gehen über ihn hinaus. So kann eine Partnerwahl die Umgebung des Menschen, der gewählt wird, miteinbeziehen. Es wird dann nicht mehr der Mensch gewählt, sondern der Mensch in der Situation, in der er kennengelernt wird. Zum Beispiel wird die Landschaft mit einbezogen, in der sich der oder die Betreffende zum Zeitpunkt der Wahl befand, die Institution, in der er arbeitete, das Haus, in dem er wohnte, die Stadt, in der sich das Haus befand. Verhaltenseigenschaften oder Merkmale des äußeren Aussehens beim Partner, die der Verschmelzungsphantasie entgegenstehen, werden aus der Wahrnehmung ausgeblendet. Enttäuschungen kommen zustande, wenn der Betreffende in einer anderen Umgebung erlebt wird oder wenn Eigenschaften, die sich der Verschmelzungsphantasie entgegenstellen, nicht mehr übersehbar sind, zum Beispiel schon die Begrenztheit des Partners in vielen Dingen. Es kommt dann zu Beziehungsabbrüchen, oft mit einem Gefühl der Kränkung, weil man betrogen worden sei: der Gewählte habe sich zu Beginn anders dargestellt. Der "Betrogene" übersieht, daß er den Partner in der eigenen Phantasie zu einem anderen gemacht hat. Der interaktionelle Anteil der Übertragung oder projektiven Identifikation, mit dem der Partner der eigenen Phantasie angenähert werden könnte, ist meist nicht ausreichend wirksam, weil die Phantasie von der Realität zu stark abweicht und der Betreffende sich nicht entsprechend der Phantasie verhalten *kann*. Verschmelzungsphantasien führen nicht selten zur Liebe auf den ersten Blick (vgl. S. 52); die Realität wird erst später gesehen.

In der *narzißtischen Zwillingsbeziehung* wird das Zwillingsobjekt so phantasiert, daß es mit dem Selbstkonzept des Wünschenden übereinstimmt. Die Zwillingsbeziehung wird nach dem Modus der Harmonie durch Übereinstimmung gewünscht; Modell ist entweder das Größenselbst oder das reale Selbst, wobei das Größenselbst meist immer noch realere Züge hat als das phantasierte Objekt im Falle der Verschmelzungsbeziehung. Zur Enttäuschung führt alles, was die Gleichheitsphantasie stört: Unterschiede zwischen dem Wählenden und dem Gewählten, die deutlich werden und nicht mehr ausgeblendet werden können.

Wird eine *Beziehung zu einem anerkennenden Objekt* gewünscht, wird dieses Objekt meist idealisiert, um die Anerkennung wertvoll zu machen. Entzieht der Gewählte die Anerkennung, kommt es zu Kränkungen; wird deutlich, daß er nicht so großartig ist, wie ursprünglich phantasiert, kommt es zu Enttäuschungen, oft auch deshalb zu Kränkungen und Selbsthaß, weil man sich ja in der Wahl geirrt hat.

Wird eine *Beziehung nach dem oralen Modus der Versorgung* gewünscht, soll das versorgende Objekt unbegrenzt gebefreudig sein und auch über die Voraussetzungen verfügen, unbegrenzt geben zu können; bezüglich seiner Ausdehnung kann dieses Objekt aber scharfe Grenzen haben. Die Unbegrenztheit bezieht sich auf die Möglichkeit, oral zu versorgen. Zur Enttäuschung kommt es, wenn das Objekt nicht mehr so viel geben will oder kann, wie erwartet wird. Oft wird die Phantasie festgehalten, das Objekt könne geben, wenn es nur wolle. Das Objekt ist dann böse, weil es nicht versorgen will, auch wenn es sich bemüht, die Erwartungen zu erfüllen und nur nicht soviel geben *kann*, wie erwartet wird. Es kann aber auch sein, daß der Partner nicht mehr so viel geben *will*, was in vielen Fällen von oralen Kollusionen zu finden ist, weil nämlich dieser Partner ganz ähnliche Wünsche an den anderen hat und es dann als Zumutung erlebt, selbst geben zu sollen, statt versorgt zu werden.

Während Beziehungen nach dem Modus der Verschmelzung oder nach dem Zwillingsmodus zumindest in der Phantasie symmetrisch sind, sind sie bei der Beziehung zum anerkennenden und zum versorgenden Objekt komplementär, und die Beziehungsform kann sich umkehren. Man kann sich einen Partner wünschen, den man bewundert, aber auch einen, von dem man bewundert wird. Man kann sich wünschen, mit jemandem zusammen zu sein, den man versorgt, weil man den Wunsch hat, unbegrenzt geben zu können, ohne sich zu verausgaben, man kann aber auch wünschen, grenzenlos versorgt und verwöhnt zu werden. Es geht dabei immer um das gleiche Thema.

Allerdings gibt es auch bei der Beziehung nach dem Modus der Verschmelzung asymmetrische Formen. Beim *schizoiden* Modus der Verschmelzungsphantasie wird Einheit gewünscht, gleichzeitig wird aber gefürchtet, daß man zum Anderen werden könnte, sich im Anderen gleichsam verlieren würde. Die *narzißtische* Verschmelzungsphantasie im engeren Sinne macht den Anderen zur Extension des eigenen Selbst: Der Andere wird so wie man selbst und gibt seine Identität auf. Seine eigene Identität aufzugeben, kann auch ein Wunsch sein, man möchte zum Beispiel Teil einer Gruppe von Leuten werden, eine Phantasie, die vielleicht bei den Kommunen der 60er und 70er Jahre eine Rolle gespielt haben mag. Jemand, der seine Identität aufgeben will, kann sich einen narzißtischen Partner suchen, der genau das sucht: einen Menschen, der sich ganz in seinen Dienst stellt; *Bertolt Brecht* scheint solche Beziehungen gelebt zu haben (vgl. *Völker* 1988). So können sich die schizoide und die narzißtische Form des Verschmelzungswunsches in einer Partnerschaft kombinieren.

Die *anale Beziehung* ist durch den *Modus des Kontrollierens* bestimmt. Man kontrolliert entweder ein Objekt oder läßt sich durch das Objekt kontrollieren. Das Wort 'kontrollieren' verwenden wir im angelsächsischen Sinne. Es meint hier: beherrschen, in Schach halten, in den Aktionen begrenzen. In der Beziehung zum kontrollierenden Objekt wird ein Oben oder Unten gesucht; der eine unterwirft sich dem anderen. In stark anal bestimmten Kulturen, wie zum Beispiel der japanischen, versuchen

Menschen, die sich kennenlernen, als erstes herauszufinden, wo der andere in der sozialen Hierarchie angesiedelt ist; die Aspekte der Gemeinsamkeit, das Miteinander-Menschsein werden gegenüber der Frage, wer oben und wer unten ist, zunächst zurückgestellt. Wenn man einen anderen kontrolliert, kann man damit auch Impulse kontrollieren, die man in ihn hineinprojiziert. Genaugenommen werden nicht nur die Impulse in den anderen projiziert, sondern auch die Es-Anteile, aus denen die Impulse entspringen.

Ebenso können Objekte oder Objektaspekte, die nicht im Laufe der Entwicklung in die eigene Persönlichkeit integriert wurden, außen gesucht werden. So kann ein Mensch ein kontrollierendes Objekt suchen, weil er fürchtet, sich nicht selbst kontrollieren zu können, oder weil er die entsprechenden Fähigkeiten tatsächlich nicht entwickelt hat, wie zum Beispiel manche hysterischen Menschen.

In der Objektbeziehung nach dem Modus der Kontrolle kommt es häufig zu Kämpfen. Dies findet sich seltener, wenn eine hysterische Person sich kontrollieren lassen will. Da kommt es zu Kämpfen, wenn die Beziehung sich zu stark polarisiert. Geht es aber beiden darum, oben zu sein, kommt es zum Kampf nicht erst bei der Dekompensation; der Kampf um die Vormacht ist von Anfang an integrierender Bestandteil der Beziehung. Er kann auch genossen werden; man spricht dann von einer sadomasochistischen Beziehung. Es gibt allerdings auch sadomasochistische Beziehungen, in denen die Rolle des Sadisten und die Rolle des Masochisten von Anfang an festgelegt sind und es auch bleiben; die Dekompensation erfolgt dann wieder durch Polarisierung: dem Sadisten wird der Masochist, der zu wenig Widerstand leistet, langweilig, dem Masochisten wird der Sadist, der sich immer sadistischer verhält, um Widerstand zu provozieren, den er dann genußvoll brechen kann, schließlich unerträglich. Ein Beispiel für eine sadomasochistische Beziehung, bei der es zunächst darum geht, wer die Rolle des Sadisten und wer die Rolle des Masochisten haben wird, scheint uns die Beziehungsform des Paares in "Der Widerspenstigen Zähmung" von *Shakespeare* zu sein. Die Frau unterwirft sich am Ende; der Zuschauer wird sich aber fragen müssen, ob diese Unterwerfung von Dauer sein wird.

In der *phallischen* Entwicklungsphase wird eine *Beziehung zu einem Objekt gewünscht, das einen in seinen Geschlechtseigen-*

schaften anerkennt. Diese Beziehungsform hat Ähnlichkeit mit der narzißtischen Beziehung zum anerkennenden Objekt, ist aber auf die Geschlechtseigenschaften konzentriert. Übergreifendes Symbol der männlichen Geschlechtseigenschaften kann tatsächlich der Phallus sein. Zu den Geschlechtseigenschaften gehören aber natürlich nicht nur anatomische Merkmale, sondern auch Verhaltensweisen, die in einer Gesellschaft als geschlechtsspezifisch anerkannt werden. So wird von Mädchen traditionellerweise Charme oder Liebsein erwartet, während man von einem Jungen eher erwartet, daß er stark und durchsetzungsfähig ist. Damit ist zwar die Gesamtperson im Blickfeld, aber immer im Zusammenhang mit stereotypen Geschlechtseigenschaften. Die Merkmale, die anerkannt werden, werden durch die Geschlechtsrolle konstituiert. Diese Geschlechtsrollenstereotype sind in unserer Gesellschaft zwar in Bewegung geraten, sie verändern sich in der Tiefe aber viel langsamer, als die öffentliche Diskussion vermuten läßt. Wenn Mädchen sich benachteiligt fühlen, weil anatomische Geschlechtsmerkmale, die bewundert werden können, bei ihnen noch nicht entwickelt sind, oder wenn die Rolle der Frau in der Primärfamilie abgewertet wird, kann das Mädchen sich durchaus wünschen, einen Phallus zu besitzen. Der Penisneid hat nach unseren Erfahrungen aber meist die zentrale Ursache, daß Frauen nicht mit der Mutter, sondern mit dem Vater identifiziert sind, und daß dann ihre Anatomie zur phantasierten Geschlechtsidentität nicht paßt.

Die Suche nach einem Objekt, das die Geschlechtseigenschaften in besonderem Maße anerkennt, impliziert meist, daß man sich seiner eigenen Geschlechtseigenschaften nicht sicher ist oder aber daß man die Erfahrung gemacht hat, viel über die Geschlechtseigenschaften zu erreichen, zum Beispiel über Charme und Liebsein.

Eine Dekompensation kann eintreten, wenn die Anerkennung durch den anderen mit der Zeit abnimmt oder wenn sie an Wert verliert, weil der Anerkennende weniger idealisiert wird oder seinen Sozialstatus einbüßt, der seine Anerkennung wertvoll gemacht hat. Oft wird bei solchen Kollusionsformen auch erwartet, daß die Werbungsphase der Beziehung über die gesamte Beziehung ausgedehnt wird: Der andere muß immer wieder um einen werben, weil das eine Anerkennung der Geschlechtseigenschaften impliziert. Manchmal ist dies allerdings auch im Interesse des Partners: vor allem dann, wenn die Phantasie eines idealen

Paares geteilt wird und die Anerkennung der Geschlechtseigenschaften wechselseitig ist. Solche Beziehungen können über längere Zeit kompensiert bleiben, dekompensieren aber meistens im Alter, wenn der Mann an biologischer Kraft verliert, die Frau an attraktivem Aussehen. Meist sucht dann der Mann Anerkennung außerhalb der Beziehung, gelegentlich knüpfen auch Frauen im "gefährlichen Alter" Außenbeziehungen an, wenn sie sich ihrer Attraktivität nicht mehr sicher sind. Dann kann ein neuer Partner die Attraktivität bestätigen.

In der *ödipalen* Phase der Entwicklung werden die *Objektbeziehungswünsche komplexer*. Im positiven und im negativen Ödipuskomplex kommt es zu einem Konflikt von Beziehungswünschen zu verschiedenen Objekten: zum Vater und zur Mutter. Die Tochter kann dem Vater gegenüber den Wunsch haben, wie eine Erwachsene als Partnerin anerkannt zu werden oder bewundert und akzeptiert zu werden, weil sie Merkmale besitzt, die der Vater sich von einer Partnerin wünscht, zum Beispiel Charme, Liebsein, Spontaneität, Lebhaftigkeit; alles Eigenschaften, die man bei Kindern im ödipalen Alter häufig findet; die Mutter als rivalisierendes Objekt soll vom Kind ausgestochen, als versorgendes Objekt aber behalten werden. Umgekehrt gilt Entsprechendes für die Beziehung des Sohnes zur Mutter und zum rivalisierenden Vater. Im negativen Ödipuskomplex liegen die Dinge dann spiegelverkehrt.

Die Vorstellung, wie ein erwachsener Partner des gegengeschlechtlichen Elternteils von diesem akzeptiert zu werden, kann man auch als *ödipale Illusion* bezeichnen. Es handelt sich deshalb um eine Illusion, weil das Kind ja weder einen Koitus vollziehen, noch in anderen Aspekten, zum Beispiel in der Ausübung eines Berufes, im Geldverdienen, in der physischen Kraft die Rolle vom Vater oder Mutter ganz übernehmen könnte (vgl. auch *Chasseguet-Smirgel* 1987, *Grunberger* 1976).

Wird das Kind real dem Elternteil vorgezogen, mit dem es rivalisiert, erlebt es den *ödipalen Triumph*. Dieser erzeugt die Illusion, das Ziel erreicht zu haben, wie ein Erwachsener anerkannt zu werden. Tatsächlich ist die Anerkennung aber nur partiell. Der oder die Anerkennende weiß schon, daß das Kind noch nicht alles kann, was ein Erwachsener kann. Im späteren Leben wirkt sich diese Illusion, wenn sie nicht aufgegeben werden kann, als Lern- und Arbeitshindernis aus, weil mit ihr die Überzeugung verbunden ist, alles schon zu können, ohne es erst erarbeiten zu müssen.

In der ödipalen Phase kombiniert sich der Wunsch, in den eigenen Geschlechtseigenschaften anerkannt zu werden, mit dem Wunsch, einen anderen auszustechen und in jeder Hinsicht schon erwachsen zu sein. Wer auf ödipale Beziehungswünsche fixiert ist, wird, wenn er im ödipalen Kampf unterlegen ist, die *Rivalität* mit dem gleichen Geschlecht fürchten; dies kann sich in verschiedenen Bereichen äußern, je nachdem, welchen Bereich er für die Niederlage verantwortlich macht: Aussehen, Leistung, Charme, etc. Wer einen ödipalen Triumph erlebt hat, wird mit untauglichen Mitteln rivalisieren, zum Beispiel wird eine Frau hoffen, in einer Prüfung gut abzuschneiden, wenn sie nur nett zum männlichen Prüfer ist, oder ein Mann wird versuchen, über Beziehungen zu Frauen berufliche Karriere zu machen, darin aber möglicherweise scheitern, weil er die notwendigen Kompetenzen nicht entwickelt hat; er glaubte, das habe er nicht nötig.

Die in der ödipalen Entwicklungsphase mit dem Vater identifizierte Frau wird mit Eigenschaften werben, die im gesellschaftlichen Erwartungshorizont meist Männern zugeordnet sind, sie wird sich zum Beispiel als "guter Kumpel" anbieten, als eine Frau, mit der man Pferde stehlen kann. Die partielle weibliche Identität bewirkt dann aber, daß sie gleichzeitig auch in weiblichen Geschlechtseigenschaften anerkannt werden möchte. Ein Mann, der einen guten Kumpel geheiratet hat, sucht aber womöglich eine weiblich attraktive Partnerin außerhalb der Beziehung. Eine Frau, die erlebt hat, daß sie mit Charme, Freundlichsein und gutem Aussehen viel erreichen kann, wird die Bewältigung von Alltagsaufgaben als Zumutung empfinden. Alle Mängel in der Haushaltsführung soll ihr der Mann verzeihen, weil sie ja nett ist und gut aussieht. Teilt man sich die Aufgaben des Haushalts, wird sie versuchen, mehr und mehr auf den Mann abzuschieben, oder ihn dahingehend zu beeinflussen, daß er genug Geld verdient, um sie durch bezahlte Hilfspersonen von ihren Aufgaben zu entlasten. Zur Dekompensation kommt es bei zu starker Ausprägung eines solchen Verhaltens oder aber im Alter, wenn die Attraktivität nachläßt, vor allem bei solchen Frauen, die wenig Charme entwickelt haben. Männer, die ihrerseits eine besonders "weibliche" Frau wegen ihrer Attraktivität gewählt haben, um durch eine solche Wahl ihre eigene männliche Attraktivität zu bestätigen und sich von der Partnerin bestätigen zu lassen, werden dann auch, wenn die Frau an äußerer Attraktivität verliert, versucht sein, das Fehlende von außerhalb der Beziehung zu bekommen. Analoges gilt für Frauen, deren Mann im Alter an sozialem Status einbüßt.

Männer, die den Vater in der ödipalen Phase durch Charme "besiegt" haben, werden sich vielleicht, wenn sie überhaupt eine Dauerbeziehung eingehen und nicht das Verliebtsein immer neuer Partnerinnen zur Selbstbestätigung brauchen, eine Dauerpartnerin aussuchen, von der sie erwarten können, daß sie sie lebenslang bestätigt. Das kann eine Partnerin sein, die bedeutend weniger attraktiv ist als er selbst und "ewig dankbar" sein soll, daß ein so attraktiver Mann sie als Partnerin gewählt hat. Es kommt immer wieder vor, daß Männer, die Erfolg bei Frauen intensiv gesucht und erreicht haben, dann ganz unscheinbare Frauen heiraten.

Männer, die einen ödipalen Triumph erlebt haben, finden so lange Partnerinnen, wie sie den sozialen Status, der ja bei der Partnerwahl eine wesentliche Rolle spielt (vgl. S. 31ff) zu erreichen versprechen, etwa zu Beginn eines Studiums. Da sie aber in der Regel nicht die Leistungen erbringen, die sie für einen erfolgreichen Ausbildungsabschluß und vor allem für die spätere Berufstätigkeit brauchen, werden sie für Frauen weniger attraktiv, sobald das klar ist. Manchmal weichen sie in die Rolle des Außenseiters aus, der deshalb nicht Erfolg hat, weil er sich den Anforderungen einer "stupiden Männerwelt" nicht stellen will; die Mutter war ja von allem begeistert, was er machte. Da die beruflichen Leistungen in den meisten Sparten aber durch Männer beurteilt werden und auch Frauen als Chefin auf die Leistung sehen müssen, werden sie leicht zu "verkrachten Existenzen", für die sich Frauen, die sie haben möchten, nicht mehr interessieren. Ist ein solcher Mann eine Dauerbindung eingegangen, bevor sein berufliches Versagen klar wurde, wendet sich die Partnerin, die weniger das liebte, was er wirklich war, sondern das, was er versprach werden zu können, von ihm ab. Das findet man oft bei Studentenehen, die nach einigen Jahren auseinandergehen. In Paartherapien kommen solche Paare selten, was wohl auch damit zusammenhängt, daß der Mann fürchtet, in einer Paartherapie vor der Frau als eine Art Hochstapler entlarvt zu werden; eine rechtzeitig eingeleitete Einzeltherapie oder eine Gruppentherapie kann das Lebensschicksal solcher Männer aber doch noch wenden.

Natürlich färbt nicht nur die phallische Phase die ödipale Entwicklung, das tun auch Fixierungen auf eine frühere Entwicklungsphase, die zu bestimmten zentralen Beziehungswünschen geführt haben. Im ödipalen Konflikt geht es dann entsprechend den Fixierungen weiter um symbiotische Wünsche, um Wünsche nach Versorgung, Kontrolle oder Steuerung.

Ähnlich wie es in der Sprachentwicklung nach *Chomsky* (1969) eine angeborene "generative Grammatik" der Sprache geben soll, kann man eine generative Grammatik der Objektbeziehungen annehmen, die bestimmte präformierte Vorstellungen von Objektqualitäten und Objektbeziehungsmodi enthält (*König* 1984). Wie weit diese Festlegungen gehen, ist noch unbekannt. Ob es sich lediglich um Vorstellungen von Beziehungspersonen, zum Beispiel vom Vater oder der Mutter handelt, denen gegenüber der Säugling ja bereits bestimmte Verhaltensweisen zeigt, die nicht erlernt, sondern angeboren sein müssen, da sie schon unmittelbar nach der Geburt zu beobachten sind und von denen es auch abhängt, ob die Entwicklung gut läuft, oder ob die Objektbeziehungsmodi der Mutter oder dem Vater gegenüber bereits in ihrer Qualität zu einem guten Teil festgelegt sind und dann das Kind die Objektbeziehung seinerseits in diesem Sinne mitstrukturiert, müssen weitere Forschungen zeigen.

Entsprechendes gilt vielleicht in Grenzen auch für eine Disposition zur Zwei- und Mehrpersonen-Beziehung.

Ein Mensch sollte sich in Zweierbeziehungen, aber auch in Mehrpersonenbeziehungen wohlfühlen können, wenn er in unserer Gesellschaft zurechtkommen will. Mehrpersonenbeziehungen können sich nur entwickeln, wenn mehrere Personen da und auch bereit sind, mit dem Kind zu interagieren. Bei Alleinerziehenden ohne weitere zwischenmenschliche Kontakte, die das Kind miteinbeziehen, kann die Präsenz des triangulierenden Objekts fehlen. Ein Vater kann sich aber auch weigern, mit dem Kind zu interagieren, oder die Mutter kann ihn daran hindern, das zu tun. Wer auf eine *dyadische Beziehungsform* fixiert ist (*Ermann* 1985; *Rotmann* 1985), wird nicht in der Lage sein, gleichzeitig Beziehungen zu mehreren wichtigen Objekten angstfrei zu unterhalten und es nicht ertragen können, wenn ein Mensch, der ihm wichtig ist, Beziehungen zu anderen aufnimmt.

In den ersten Lebensmonaten ist die Beziehung zur Mutter meist besonders eng. Das ergibt sich schon daraus, daß das Kind in der Regel mit der Mutter die längsten Kontaktzeiten hat.

Vermutlich kann ein Mensch sich im Leben aber sicherer fühlen, wenn er damals die Erfahrung gemacht hat, daß er nicht nur auf ein Objekt angewiesen ist. Wer auf frühe Entwicklungsphasen fixiert ist, hat meist erlebt, daß auch die Interaktion mit der Mutter nicht gelang; dabei ist natürlich offen, ob es an der Mutter lag oder am Kind und ob der Vater hieran beteiligt war. Wir wissen nicht, ob es eine extrauterine symbiotische Entwicklungsphase wirklich gibt oder ob sie nur einer Wunschphantasie des Kindes entspricht, ein immer disponibles Objekt zur Verfügung zu haben, so wie das im Mutterleib der Fall war. Es wäre auch möglich, daß es sich bei den symbiotischen Phantasien um defensive Erwachsenenphantasien handelt, die zu Unrecht in die Frühzeit der Entwicklung zurückverlagert werden (vgl. *Wurmser* 1981). Ganz allgemein verstärkt eine Fixierung auf die dyadische Beziehungsform das Angewiesensein auf den Partner in einer Kollusion. Manche Patienten helfen sich dadurch, daß sie die Objekte entpersonalisieren und funktionalisieren, entweder den Partner selbst oder andere Personen, die sie zur Erfüllung ihrer Bedürfnisse brauchen, die aber die Beziehung zum Partner gefährden könnten, wenn sie persönlich wichtig werden. Sonst kann es beim dyadisch Fixierten vorkommen, daß plötzlich eine Person außerhalb der Beziehung wichtig und der Partner unwichtig wird, die Person außerhalb der Beziehung aber noch nicht "sicher" ist, so daß der dyadisch Fixierte sich gleichsam zwischen zwei Stühlen befindet.

In der ödipalen Entwicklungsphase bedingt eine dyadische Fixierung, daß entweder der Vater oder die Mutter als der einzig wichtige Partner gesehen wird. Mit diesem einzig wichtigen Partner erfolgt eine Identifikation, beim positiven Ödipus mit dem gegengeschlechtlichen Elternteil, und dabei bleibt die Entwicklung stehen. Was fehlt, ist die Identifikation mit dem gleichgeschlechtlichen Elternteil, bei der Tochter etwa die Identifikation mit der Mutter in ihrer Beziehung zum Vater. Zu dieser Identifikation kommt es nicht, weil die Vorstellung nicht möglich ist, daß das Objekt, mit dem eine dyadische Beziehung besteht, eine Beziehung zu einem anderen wichtigen Objekt haben könnte: die Mutter zum Vater oder, wenn eine Identifikation mit dem Vater erfolgte, der Vater zur Mutter. Identifiziert sich das junge Mädchen mit dem Vater, kann es dann die Beziehung Vater/Mutter vom Vater aus phantasieren; diese Vorstellung gerät aber in Konflikt mit der Vorstellung, daß der Vater keine wichtige Beziehung außer zur Tochter hat.

In der Partnerwahl wirkt sich das dann so aus, daß eine Frau den Partner nach dem Beziehungsmuster Tochter/Vater sucht oder, beim negativen Ödipus, nach dem Muster Tochter/Mutter, entsprechend beim Mann nach dem Muster Sohn/Mutter oder Sohn/Vater, weil kein Modell für die Beziehung zwischen zwei Erwachsenen internalisiert worden ist. Ist zum Beispiel die Tochter mit dem Vater identifiziert, kann sie durchaus eine Beziehung suchen, wie sie der Vater zur Tochter hat, die so natürlich nicht zu realisieren ist, es sei denn in einer homosexuellen Beziehung. Realisiert wird meist der Aspekt, daß die Wählende stark und der zu Wählende kleiner oder schwächer, "kindlicher" ist. Eine solche Partnerwahl ist konfliktträchtig, weil sie mit den Realitäten der Erwachsenenwelt in Widerspruch steht.

Naturgemäß wird eine Beziehung zwischen dyadisch fixierten Eheleuten durch die Geburt eines Kindes labilisiert, manchmal auch schon durch die Schwangerschaft. Eine dyadisch fixierte Mutter wendet sich nach der Geburt ganz dem Säugling zu, und der Mann fühlt sich dann mit Recht abgeschrieben. Ist der Mann dyadisch fixiert, kann er sich nicht vorstellen, daß seine Frau gleichzeitig zwei wichtige Objekte haben kann, ihn und das Kind. Das führt oft zu einem Fremdgehen des Ehemannes, nicht selten schon während der Schwangerschaft, weil sich die Frau ganz dem werdenden Kind zuwendet. Es kann also schon ausreichen, daß nur der Mann dyadisch fixiert ist, und die Frau durchaus eine Beziehung zu ihm und dem Kind gleichzeitig haben könnte. Der Mann kann sich das nur nicht vorstellen.

Dem Außenstehenden ist es oft schwer begreiflich, daß ein Mann während der Schwangerschaft seiner Frau fremdgeht. Die hier dargestellten Überlegungen machen aber deutlich, wie es zu einer Disposition zum Fremdgehen während der Schwangerschaft oder nach der Geburt eines Kindes kommen kann. Diese Disposition muß natürlich nicht zum Handeln führen, wenn die Erinnerung an die vergangene Beziehungsform und die Hoffnung besteht, sie könnte wieder etabliert werden, oder wenn ethische Gründe den Mann daran hindern, gerade zu einer solchen Zeit fremdzugehen. Daß Männer sich ganz auf das Kind fixieren und die Mutter "abgeschrieben" ist, kommt selten vor. Warum das so ist, darüber kann man nur spekulieren; vermutlich hängt es mit der engeren Bindung der Mutter an das Kind zusammen, in deren Körper es auch heranwächst: Die Mutter ist gleichsam zuerst da, und der Mann hofft nicht, er könne dem Kind so wichtig werden, wie die Mutter dem Kind wichtig ist. Für eine dyadische Beziehung ist es notwendig, daß phantasiert werden kann, man sei dem anderen so wichtig, wie dieser einem selbst.

Die Equity-Theorie

Die Equity-Theorie (*Walster* et al. 1977) bietet unter anderem ein sozialpsychologisches Modell der Partnerwahl an. Zentrale These ist, daß Menschen bestrebt sind, in ausgewogenen Beziehungen zu leben - ausgewogen bezüglich dessen, was der eine Partner dem anderen zu bieten hat. Menschen in unausgewogenen Beziehungen fühlen sich unbehaglich und versuchen ihr Unbehagen dadurch zu beseitigen, daß sie einen Zustand der Ausgewogenheit herstellen.

So wählt man zum Beispiel, wenn die anderen Faktoren in etwa ausgeglichen sind, in der Regel Partner gleicher äußerer Attraktivität. Ist die äußere Attraktivität der Partner, die sich gewählt haben, sehr verschieden, findet man bei näherer Betrachtung meist Qualitäten, die ein Mehr oder Weniger an Attraktivität ausgleichen. Zum Beispiel kann das höhere Alter eines Mannes durch seine soziale Stellung oder sonstige Vorzüge wie Gemüthaftigkeit, Charme, Lebenserfahrung oder realisierte Fähigkeiten und Talente ausgeglichen werden. Auch bei der Heirat zwischen einem alten Mann und einer jungen Frau sind Equity-Faktoren beteiligt. Für den alten Mann ist die Jugendlichkeit und äußere Attraktivität der jungen Frau oft von Bedeutung. Ein arrivierter Mann braucht auf die Fähigkeit der Frau, mitzuarbeiten, keinen so großen Wert mehr zu legen. Eine junge Frau, die einen viel älteren Mann heiratet, kann deshalb, wenn alle anderen Faktoren sonst gleich sind, früher Kinder bekommen, als eine Frau, die erst mitverdienen muß. Der alte Mann kann die Familie sofort sichern und Frau und Kinder an dem Status, den er erworben hat, beteiligen. Die Zukunft der Familie ist meist durch angehäuftes Vermögen oder durch erworbene Pensionsansprüche gesichert - stabile politische Verhältnisse vorausgesetzt.

Auch für die Frau selbst bedeutet die Heirat mit einem älteren Mann unmittelbare Vorteile: Sie bekommt vieles geboten, worum sie, wenn sie einen jüngeren Partner wählte, mit diesem zusammen noch kämpfen müßte. Auch im Sexuellen braucht sie sich nicht als Probierpartnerin zu fühlen.

Für die Zukunft sieht die Bilanz für die Frau aber ungünstiger aus. Der Mann verliert mit zunehmendem Alter an biologischer Kraft und oft auch an Macht und sozialem Ansehen. Dann kann eine Frau, die es gewagt hat, ihr Leben mit einem jüngeren Mann zu teilen, die Frau eines älteren Mannes bezüglich des sozialen Status überholen. Nach dem Tod des Mannes bleibt die Frau oft in einem Alter allein, in dem es schon schwer ist, einen zweiten Partner für den Rest ihres Lebens zu finden; sie wünscht aber einen Partner, auch weil sie ihre eigenen Ressourcen weniger entwickelt hat als an der Seite eines jungen Mannes. Die Witwenzeit ist länger als bei Frauen mit einem jüngeren Partner. Großmuttersein ist meist nicht tagesfüllend. Wenn die Frau eine Berufsausbildung hatte, fehlt ihr doch oft die Berufspraxis, was es ihr erschwert, wieder berufstätig zu werden.

Früher war die Stellung und die Bedeutung einer Frau in der Familie stark durch ihre Fähigkeit bestimmt, Kinder zu gebären und großzuziehen. Heute spielen Ausbildung und Beruf eine größere Rolle. Eine Unterbrechung der beruflichen Laufbahn durch Schwangerschaften und Kindererziehung wirkt sich in der Mittelschicht besonders stark aus, weil hier inzwischen auch Frauen angesehene Berufe ergreifen können, die ihre soziale Stellung verbessern, während viele berufliche Rollen, die den Frauen mit unterschichtspezifischen Ausbildungen offenstehen, auch heute noch weniger attraktiv sind. Manche Paare aus der Mittelschicht vereinbaren, ihre berufliche Laufbahn gegenseitig zu fördern, zum Beispiel dadurch, daß der Mann zeitweise nicht berufstätig ist und die Funktionen eines Hausmannes in der Familie übernimmt. Wenn die Ausgewogenheit einer Paarbeziehung bezüglich des Sozialstatus wesentlich dadurch bestimmt war, daß beide Partner beruflichen Erfolg hatten, muß dann, wenn Kinder kommen, eine neue Ausgewogenheit gefunden werden. Die Situation wird brisant, wenn sich die Frau durch einen, zumindest zeitweiligen Verzicht auf das Verfolgen ihrer beruflichen Interessen abgewertet fühlt und, um in ihrem Erleben Equity zu erreichen, den Mann in dessen beruflichen Erfolgen abwertet.

Scheinbare Ausnahmen von der Equity-Theorie lassen sich oft dadurch erklären, daß auf den ersten Blick weniger attraktive Partner ein Verhalten zeigen, das der andere besonders schätzt: besonderen Einsatz, Bewunderung des Partners oder Entwicklung von Kompetenzen. Ein Mann, der viel Bewunderung braucht, kann deshalb eine Frau wählen, die wenig attraktiv ist und vice versa.

Manchmal sind die Motive, einen äußerlich weniger attraktiven Partner zu wählen, nicht so leicht zu erkennen. Nicht alle älteren Männer, die von jüngeren Frauen gewählt werden, haben einen hohen Sozialstatus oder attraktive Charaktereigenschaften oder Fähigkeiten. Man sagt ja im allgemeinen, daß eine Frau dann einen älteren Mann wählt, wenn sie an die Imago des Vaters fixiert ist. Man kann sich die Wahl älterer Männer aber auch so erklären: Das Bild vom ödipalen Partner bezieht sich auf einen Mann, der in der ödipalen Phase der Entwicklung der wählenden Frau meist so alt war, wie die wählende Frau zum Zeitpunkt der Wahl. Gerade gleichaltrige Männer aktivieren bei manchen Frauen das Inzesttabu, so daß die Wahl eines älteren Partners der Vermeidung inzestuöser Befürchtungen dienen kann.

Beide Partner suchen jeweils beim anderen etwas Mütterliches oder etwas Väterliches. Beide Elternobjekte sollen repräsentiert sein. Frauen kommen, was das Mütterliche angeht, bei ihren Männern oft zu kurz. Männer suchen das Väterliche in der Regel bei Vorgesetzten. Personen außerhalb der Dyade können väterliche oder mütterliche Funktionen übernehmen. Die Beziehung wird dann labilisiert, wenn diese Personen nicht mehr zur Verfügung stehen.

Konfligierende Wertvorstellungen in der Paarbeziehung

Wertvorstellungen werden zunächst aus der Primärfamilie übernommen. In der Adoleszenz bilden sich oft polar entgegengesetzte Wertvorstellungen aus, die aus dem Bestreben erwachsen, sich von den Eltern abzugrenzen und dann auch im Dienste der Abgrenzung stehen. Meist werden diese Wertvorstellungen nicht lediglich aus den Wertvorstellungen der Eltern durch Umkehrung abgeleitet. Der Adoleszente sucht entweder im Elternhaus eines Freundes oder einer Freundin oder in der Peergruppe nach Wertvorstellungen, die das Merkmal der Gegensätzlichkeit aufweisen. Bleibt die Entwicklung partiell im Stadium der Adoleszenz stehen, werden oft auch die Wertvorstellungen länger behalten als sonst, und man findet bei Dreißig- oder Vierzigjährigen Wertvorstellungen, die mit denen der Peergruppe nicht in Einklang stehen und seltsam antiquiert anmuten, zum Beispiel Wertvorstellungen aus der Studentenzeit in den 68er Jahren.

In Frankreich gibt es eine Comicstrip-Serie, die zeigt, wie der Sohn eines "68er-Vaters" mit Schlips und Kragen herumläuft und in allem das Gegenteil von dem tut, was sein langmähniger und bärtiger, Jeans tragender Vater vertritt: Das Gesetz der Polarität führt dann wieder auf die Großvätergeneration zurück, nicht nur bei einzelnen Individuen, sondern in Grenzen auch gesamtgesellschaftlich.

Daß die Wertvorstellungen der Unterschicht heutzutage konservativer sind als die der Mittelschicht und in mancher Hinsicht denen der Oberschicht gleichen - nur alles eine Nummer kleiner -, ist bekannt, und der Psychotherapeut kann es bei seinen Patienten beobachten. Partner aus verschiedenen Gesellschaftsschichten geraten oft in Wertkonflikte, wenn die Zeit der Verliebtheit vorbei ist. Ordentlichkeit und Zuverlässigkeit können dann zum Beispiel gegen Kreativität und Spontaneität stehen. Selbständigkeit und Gehorsam sind nicht nur persönlichkeitsabhängig, sondern werden auch in verschiedenen Gesellschaftsschichten unterschiedlich bewertet, wie das für die Einstellungen zu Sauberkeit und Sparsamkeit, Sicherheitsstreben und Risikofreude auch der Fall ist. In einer Kaufmannsfamilie hat das Geld einen anderen Stellenwert als in einer Akademikerfamilie. Am Gewinn wird der Erfolg des Kaufmanns gemessen, in zweiter Linie spielt eine Rolle, womit gehandelt wird. In Akademikerfamilien spielt die Art der Arbeit und das Ansehen einer beruflichen Tätigkeit die Hauptrolle; das Geldverdienen gilt erst in zweiter Linie als Maßstab. Akademiker können zugunsten einer interessanteren Aufgabe auf eine lukrativere Stelle verzichten. Eine Stellung an der Universität ist oft begehrter als eine einkömmliche Praxis oder auch eine Chefarztstelle an einem außeruniversitären Krankenhaus, selbst wenn die Einkünfte an der Universität geringer sind. In der akademischen Mittelschicht wird Bildung als an sich wertvoll angesehen, bei Kaufleuten wird sie mehr instrumentell behandelt, man fragt zuerst, wozu sie nützt. Dabei haben die großen Kaufleute gegenüber den Akademikern viel Selbstbewußtsein. So erzählte der Dekan einer theologischen Fakultät, daß er einen reichen Kaufmann anrief, der als Mäzen bekannt war, und um einen Zuschuß für eine Festveranstaltung bat. Der Kaufmann fragte, wieviel der Dekan denn haben wolle; der war durch die direkte Frage verblüfft und zögerte. Darauf sagte der Kaufmann: "Junger Mann, wenn Sie wissen, wieviel Sie haben wollen, rufen Sie mich wieder an". Der Dekan rief wieder an und verlangte fünftausend Mark, der Kaufmann sagte: "In Ordnung".

In der Unterschicht gilt geistige Arbeit bekanntlich nicht als richtige Arbeit; wer ein Buch liest, arbeitet nicht. Auch daher rührt es, daß Aufsteiger aus der Unterschicht oft geistige Arbeit besonders hoch bewerten. Sie mußten sich die Möglichkeit, geistig zu arbeiten, erkämpfen.

Über unterschiedliche Einstellungen zur Sexualität in verschiedenen Gesellschaftsschichten berichtet schon der *Kinsey*-Report (*Kinsey* 1954, 1955). Angehörige der Mittelschicht neigen mehr dazu, mit Sexualität zu spielen und sie phantasievoll auszugestalten. Angehörige der Unterschicht sind darin gehemmt; meist hatten sie auch nicht soviel Gelegenheit, in ihrer Sozialisation Anlagen zum phantasievollen Verhalten zu entwickeln. Über das Sexualverhalten der Oberschicht ist wenig bekannt; unsere begrenzten Erfahrungen legen nahe, daß es dem der Mittelschicht ähnlich ist.

Die Probleme zwischen Angehörigen der Unterschicht und der oberen Mittelschicht können geringer sein als die zwischen der unteren Mittelschicht und der oberen Unterschicht; gegen die unmittelbar darunter liegende Schicht muß man sich stärker abgrenzen. Schwarze Angehörige der unteren Mittelschicht in Amerika sprechen von den Weißen der Unterschicht als "white trash", also weißem Müll. Die Diskriminierung der Schwarzen bedingt, daß sich schwarze Angehörige der unteren Mittelschicht der Unterschicht näher fühlen müssen als Weiße der unteren Mittelschicht.

Angehörige der Oberschicht scheinen häufig besonders geschickt im Umgang mit Leuten aus der Unterschicht zu sein und manche deren Eigenheiten zu tolerieren, die Mittelschichtangehörige nicht tolerieren würden. Das hängt einmal mit dem weiten, Sicherheit gebenden sozialen Abstand zusammen, zum anderen aber auch damit, daß Oberschichtangehörige häufig von Angehörigen der Unterschicht, nämlich vom Hauspersonal, erzogen worden sind. Vielleicht erklären sich daraus Verbindungen von Männern aus der Oberschicht mit Frauen, die aus der Unterschicht stammen; ein bekanntes Beispiel ist das von *Nadine Rothschild* (1984).

Wertvorstellungen sind aber auch von den zentralen Beziehungswünschen abhängig. Wie in einer früheren Publikation dargelegt (*König* 1988), stellen für Menschen, die eine Beziehung mit einem verschmelzenden Objekt wünschen, Geborgenheit, Harmonie und wortloses Sich-Verstehen besonders wichtige Werte dar. Zum Beziehungswunsch zu einem versorgenden Objekt gehören Wertvorstellungen im Sinne des Versorgen-Könnens, des Willens zu versorgen, der Gebefreudigkeit; auch Reichtum kann einen besonderen Wert darstellen, weil er Großzügigkeit ermöglicht. Beim Beziehungswunsch zum kontrollierenden Objekt, bei dem es um Macht, Demut und Hilfe geht, werden Mächtig-Sein, Demütig-Sein, Hilfsbereit-Sein hoch bewertet. Beim phobischen Beziehungswunsch nach einem steuernden Objekt hat Verläßlichkeit einen hohen Stellenwert. Beim Wunsch in der Geschlechtsrolle anerkannt und bewundert zu werden, ist es wichtig, daß der Anerkennende oder Bewundernde selbst ausgeprägte Geschlechtseigenschaften hat; bei Männern ist auch eine hohe soziale Stellung wichtig. Wenn ein Prinz im Märchen ein armes Mädchen liebt, ist es meist besonders schön und liebreizend. Auch bei narzißtischen Beziehungswünschen ist die Stellung des Partners wichtig, sowohl für jemanden, der einen sucht, den er bewundern kann, als auch für jemanden, der bewundert werden möchte. Wünscht ein narzißtisch strukturierter Mensch, den Partner zu einer Extension seines Selbst zu machen, sind Anpassungsfähigkeit und Identifikationsbereitschaft wichtige Werte.

Werden zentrale Beziehungswünsche enttäuscht, finden Auseinandersetzungen häufig auf der Ebene der Wertvorstellungen statt. Man wirft dem anderen vor, nicht zu sein, wie *man* eigentlich sein müßte. Die eigenen Wertvorstellungen werden so vertreten, als seien sie allgemein zu fordern. Eine hysterische Frau kann einem zwanghaften Mann vorwerfen, daß er nicht spontan genug, viel zu pingelig und nicht großzügig sei; der Zwanghafte wird einer Frau vorwerfen, daß sie unordentlich, chaotisch und unzuverlässig sei; jedesmal mit dem Unterton, eigentlich müsse jeder so sein, wie man selbst ist, und jeder müsse die eigenen Wertvorstellungen teilen. Daß es deshalb zu einer Partnerwahl zwischen den beiden kam, weil die Gegensätzlichkeit des anderen gesucht wurde, ist dann vergessen. Man sieht nur noch das Abweichende, und zwar als abweichend von einer "allgemeingültigen" Norm. Hier wie auch sonst in Psychotherapien kann es nützlich sein, wenn der Therapeut sagt: "Die Menschen sind eben verschieden." Das weiß eigentlich jeder, in Ehekonflikten wird es aber besonders häufig "vergessen".

Kinderwunsch als Motivation für eine Ehe sieht auf den ersten Blick "natürlich" aus, nicht weiter zu hinterfragen. Eine Schwangerschaft gibt manchmal den letzten Anstoß zum Sprung in die Ehe. Die Partner gleichen dann Fallschirmspringern, die eigentlich springen wollen, aber Angst haben. Ein Schubs ersetzt hier nicht die eigene Motivation, er hilft nur die Angst zu überwinden, das, wozu man motiviert ist, zu verwirklichen. Wir kennen keine Untersuchungen, die sicher aussagen, wieviele Schwangerschaftsabbrüche aus religiösen, weltanschaulichen oder allgemein ethischen Gründen unterlassen werden. Mit einer Erleichterung des Schwangerschaftsabbruches gibt es aber eine leichter zugängliche Alternative zur Ehe, zur Geburt ohne Ehe und zur Freigabe an Adoptiveltern.

Es kann aber doch sein, daß der Partner seiner Partnerin und diese sich selbst die psychischen und physischen Belastungen eines Abbruchs nicht zumuten will.

Wenn die Ehe nicht gutgeht, kann es aber zur Belastung für das Kind werden, daß es die Ursache oder auch nur der Anlaß für die Eheschließung war.

Kinder sollen auch manchmal dazu dienen, die Mutter "auszufüllen", ihr Selbstvertrauen zu geben, wenn sie ein schlechtes Selbstwertgefühl hat, ungelebtes Leben für sie zu leben, ihr Gesellschaft zu leisten, und so weiter. Auch ein Mann, der bezüglich seiner Geschlechtsidentität unsicher ist, mag sie durch ein Kind bestätigen wollen; ebenso wie eine Frau eine "richtige Frau" werden möchte, indem sie schwanger wird und ein Kind zur Welt bringt.

Alle diese Wünsche sind in geringer Ausprägung nicht pathologisch; sie werden es, wenn sie im Vordergrund stehen. Bei den sekundären existentiellen Wünschen, wie dem Wunsch, in den Kindern weiter zu leben, oder einfach bei der Erwartung, man werde Freude an den Kindern haben und man sci dcshalb bereit, die Mühen, die Kinder mit sich bringen, auf sich zu nehmen, kann man meist zuversichtlicher sein. Es sind Wünsche, die nicht notwendig enttäuscht werden müssen.

Auch der Wunsch, keine Kinder zu haben, kann neurotisch

sein. Frauen und Männer können befürchten, man werde es nicht schaffen, die eigene Kompetenz reiche nicht aus, Kinder zu erziehen, vielleicht sei die Erbmasse auch schlecht, man sei ja selbst noch ein Kind, die ausschließliche Zuwendung des Partners oder der Partnerin könne verlorengehen, die Welt sei zu schlecht, um sie Kindern zumuten zu dürfen. An die wirklichen Gründe für die Angst vor dem Kind kommt man in Paartherapien oft nicht heran. Aus Einzeltherapien wissen wir aber, daß oft ein labiles Selbstvertrauen mit der gefährlichen Weltlage rationalisiert wird. Wichtig ist sicher auch, welche Erfahrungen die Frau und der Mann mit den eigenen Müttern gemacht haben und wie ihre Erfahrungen mit den Vätern gewesen sind.

Man kann sich natürlich fragen, warum es heute noch so viele unerwünschte Schwangerschaften gibt. Kontrazeptive Maßnahmen funktionieren am besten und störungsfreiesten in einer Dauerbeziehung. "Auf Verdacht hin" nehmen viele Frauen nicht gerne die Pille, auch eine Spirale lassen sie sich nicht so ohne weiteres einsetzen, wenn sie keinen Partner haben. Daß schon beim ersten Geschlechtsverkehr eine Schwangerschaft zustande kommen kann, nimmt man als Risiko in Kauf, manchmal leugnet man das Risiko nach dem Motto: "Von einmal, das kann ja nicht sein".

Der innere Widerstand gegen den Gebrauch von Kontrazeptiva hat vielfältige Wurzeln, es geht sicher nicht nur um die Unbequemlichkeit oder um die Störung des Verkehrs, ein Faktor, den *Freud* (1930) interessanterweise besonders herausgestellt hat. Wahrscheinlich bewirkt bei vielen Männern die unbewußte Phantasie, sie könnten die Frau schwängern, eine Steigerung deren Attraktivität. Manche Frauen fühlen sich manipuliert, wenn sie für die Kontrazeption sorgen sollen, sie finden es ungerecht, daß nur sie sich darum kümmern müssen, nicht aber der Mann, oder sie haben gesundheitliche Bedenken, weil die Gefahr einer Schädigung bei der Pille und der Spirale tatsächlich höher ist als beim Kondom, allerdings auch als beim Pessar.

Hat nicht eine Schwangerschaft, sondern haben andere Gründe zu einer Eheschließung geführt, gibt es sehr oft Konflikte um den Zeitpunkt der Schwangerschaft. Hier spielen besonders häufig Interessenkonflikte zwischen familiärer und beruflicher Selbstverwirklichung eine entscheidende Rolle, aber auch verschiedene Traditionen aus unterschiedlichen Herkunftsfamilien.

Viele Paare möchten es besser machen als die Eltern. Bezüglich der Kompetenzen, die Eltern haben müßten, huldigen sie unerreichbaren Idealen. Sie haben es aber meist nicht erlebt, wie es jemand macht, der diesen Idealen zu folgen versucht; jedenfalls nicht in der eigenen Familie, allenfalls unter den Peers, von denen sie dann erfahren, daß es schwer sei. Die Eltern können nicht als Modell dienen, da man es ja gerade ganz anders und besser machen will. Der "generation gap" ist heute, da die Zeiten sich rasch ändern, groß geworden.

Es ist interessant, daß viele Psychotherapeuten besondere Anforderungen an sich als Eltern stellen, ähnlich wie die Frauen von Gynäkologen früher dafür bekannt waren, daß sie ihre Geburt besonders gut machen wollten; wahrscheinlich ist das auch heute noch so. Während eines Seminars mit Psychotherapeuten, wurde der Terminus "good enough mother" von *Winnicott* (1976) zunächst unwidersprochen mit: "optimale Mutter" übersetzt, statt wie es richtig übersetzt heißen muß, mit "ausreichend gute Mutter".

Rohde-Dachser (1989) hat sich dagegen gewandt, daß den Müttern die Schuld daran gegeben wird, wenn ihre Kinder mißraten. Sicher wird die Macht der Mütter überschätzt, man muß aber zwischen Verursachung und Schuld unterscheiden. Es gibt nur Erbe und Umwelt, ein Drittes gibt es nicht. 50% der Erbmasse kommen von der Mutter, 50% vom Vater. Es kann nur darum gehen, wie hoch der Anteil der Mutter bei der Gestaltung der Umwelt des Kindes ist, und wie wichtig die Mutter im Vergleich zum Vater für das Kind eingeschätzt werden muß. Von Schuld würden wir dann sprechen, wenn es um Verursachung mit böser Absicht geht; die meisten Eltern versuchen aber, es gut zu machen und ihren Kindern nicht zu schaden, jedenfalls nicht bewußt. Die Vermengung des Schuld- und des Verursacherprinzips hat in der therapeutischen Literatur (*Fromm-Reichmann* 1984; *Bateson* et al. 1956; *Hirsch* u. *Leff* 1975; *Bleuler* 1976; *Wing* 1987; *Hirsch* 1979; *Dührssen* 1988) eine große Bedeutung; es wäre interessant herauszufinden, woran das liegt. Sicher können Schuldzuschreibungen aus Omnipotenzphantasien kommen: Eigentlich kann man alles, man hat es nur irgendwie nicht gewollt, und deshalb sei man schuldig.

Die Befürchtung, die alleinige Zuwendung des Partners oder der Partnerin zu verlieren, wenn ein Kind geboren wird, spielt vor allem bei Menschen eine große Rolle, die dyadisch fixiert sind. Sie können sich nicht vorstellen, daß mehrere Menschen ähnlich wichtig sein können. Andere wiederum müssen nicht der Alleinige, jedenfalls aber der Erste sein. Väter reagieren oft sehr aversiv darauf, wenn der Säugling für die Mutter eine Zeitlang offenbar das wichtigste Lebewesen ist, auch wenn die Mutter selbst nicht dyadisch fixiert ist (vgl. auch S. 27ff).

Das Angewiesensein auf den Partner hat manchmal auch etwas damit zu tun, daß eine phobische Angst davor besteht, Kontakte außerhalb der Familie herzustellen, zu pflegen und durchzuhalten. Der Partner oder die Partnerin sollen versorgen, schützen, anregen, viele Menschen in einem sein. Funktionen, die sonst Freunde und Bekannte übernehmen, sollen die Partnerin oder der Partner haben. Die Großfamilie kann aber nicht durch die Kleinfamilie ersetzt werden, sondern nur durch die Kleinfamilie in Verbindung mit Menschen außerhalb der Familie, mit Freunden, Bekannten und Nachbarn, Bewohnern einer Wohngemeinschaft, Arbeitskollegen.

Da Ehen leichter auflösbar sind als noch vor wenigen Jahrzehnten, besteht mehr als damals die reale Gefahr, daß der Mann oder die Frau mit einer Arbeitskollegin oder einem Arbeitskollegen eine neue Beziehung anfängt, die zur Trennung führt. Die Gefahr wird aber oft überschätzt. Hinter triadischer Eifersucht stecken häufig dyadische Bedürfnisse nach Versorgtsein, Geschütztsein, Angeregtsein: man fürchtet um das, was man braucht und scheinbar am sichersten von einem Partner bekommen kann.

Alle Probleme der Entwicklungspsychologie und Entwicklungspathologie können hier nicht abgehandelt werden; sie sollen weniger aus der Perspektive des Kindes, sondern mehr aus der Perspektive der Eltern betrachtet werden.

Erstgeborene gelten als Probierkinder. Mutter wie Vater sind im Umgang mit den Kindern unsicher. Hilft eine der Großmütter, betrachten die Eltern sie oft mit Mißtrauen, weil sie meinen, daß sie es früher ja auch nicht richtig gemacht habe. Selbst wenn die Großeltern als Eltern gar nicht so schlecht waren, haben sie doch im Umgang mit den Kindern Wert- und Zielvorstellungen und die Normen ihrer Zeit vermittelt, die in die heutige Zeit nicht mehr ganz passen, weil die gesellschaftliche Entwicklung so schnell geht.

Ein Neugeborenes wird meist idealisiert, was wir für etwas Gesundes halten. Die Phantasie: "Kein Baby ist schöner als unseres" ist eine gesunde Phantasie, auch wenn sie mit der Realität nicht übereinstimmen kann. Realitätsgerecht wäre: "Für uns ist unser Baby das schönste". Es handelt sich um einen ähnlichen narzißtischen Zustand, wie er auch bei der Verliebtheit vorkommt. Ähnlich wie bei der Verliebtheit dient er wahrscheinlich dazu, die Beziehungen zum anderen, in diesem Fall dem Kind, zu festigen und so die Entwicklung einer Vertrautheit zu ermöglichen, die die Basis für eine feste Beziehung sein wird.

Man kann sich leicht vorstellen, welchen Belastungen Eltern ausgesetzt sind, die ein mißgebildetes oder auch nur ein frühgeborenes Kind haben, das die intensivste Phantasie nicht zum schönsten der Welt machen kann, oder welche Probleme auftreten, wenn ein Kind von der Mutter und vom Vater getrennt bleibt, weil es im Inkubator liegen muß.

Beim zweiten und bei weiteren Kindern sind die Eltern meist schon zuversichtlicher. Es treten aber neue Probleme für die Mutter auf, weil die Frau mit dem zweiten Kind oft ihre Berufstätigkeit ganz oder für längere Zeit aufgeben muß, während sie ein erstes Kind nach einiger Zeit noch neben dem Beruf "schaffen" konnte. Verzichtet der Mann zugunsten des zweiten Kindes auf einen Teil seiner beruflichen Tätigkeit, bedeutet das für ihn in vielen Berufen, daß er auf eine Karriere verzichtet und möglicherweise sein Leben lang hinter den beruflichen Entfaltungs- und Verwirklichungsmöglichkeiten zurückbleiben muß, die er sich ursprünglich vorgestellt hat.

Da die Erwartung bezüglich beruflicher Erfolge sich in unserer Gesellschaft aber immer noch vorwiegend auf den Mann richtet, gerät er unter sozialen Druck. Eine Frau, die zugunsten von Kindern auf ihre Karriere verzichtet hat, hat oft geringe Erwartungen bezüglich des Berufserfolgs gehabt. Sie hat es "nur" mit der Einschränkung eigener Verwirklichungsmöglichkeiten zu tun, während der Mann zusätzlich noch sozialem Druck standhalten muß. Möglicherweise trifft ihn später auch die Verachtung der eigenen Frau, die ihm vorhält, daß andere Männer Kinder *und* Karriere geschafft hätten. Es kann sogar geschehen, daß die Frau den Karriereverzicht ihres Mannes bezüglich dessen Motivation in Frage stellt: Eigentlich hätte er sowieso beruflich nichts erreichen können, deshalb sei er auf die Familie ausgewichen. Solche Entwicklungen führen mit zu den haßerfülltesten Paarbeziehungen, die wir in unserer Ambulanz zu sehen bekommen.

Traditionell wird die Aufgabe des Mannes ja darin gesehen,

daß er die Familie beschützt, ihr eine soziale Stellung und Geltung verschafft und sie ökonomisch sichert; einer der Gründe, warum ältere Männer für viele Frauen attraktiv sind: Die Frauen können sicher sein, daß der Mann schon geschafft hat, was ein jüngerer vielleicht erst schaffen könnte.

Auch nach einschlägigen Untersuchungen (z.B. *Argyle* und *Henderson* 1985) ist die Kindererziehung ein häufiger Streitpunkt in Ehen. Unterschiede zwischen den Herkunftsfamilien vermischen sich mit den Unterschieden in den aktuellen Bezugsgruppen der Partner. Manchmal geht es aber auch nur darum, wer sich durchsetzt, das heißt, wer die Richtlinien der Erziehung bestimmt. Für Kinder ist es besser, wenn Differenzen bezüglich der Erziehung offen ausgetragen werden, als wenn ein jeder hinterrücks versucht, seine Ziele und Normen durchzusetzen, obwohl und gerade weil er weiß, daß sie mit denen des Partners konfligieren. Es gibt dem Kind wahrscheinlich eine bessere Orientierung, wenn die Eltern einräumen, daß sie in gewissen Dingen unterschiedlicher Meinung sind, auch was den Umgang mit den Kindern angeht. Obwohl es die Kinder betrifft, handelt es sich hier um eine Problematik der Eltern, die, wenn sie pathologische Formen annimmt, an eine Paartherapie und nicht unbedingt an eine Familientherapie denken läßt. Eine Familientherapie ist dann eher angezeigt, wenn es auch gilt, die *Folgen* eines unzweckmäßigen Umgangs mit Meinungsverschiedenheiten bezüglich der Kindererziehung zu therapieren.

Zum Streit kommt es wohl am häufigsten in den ersten drei Lebensjahren eines Kindes und dann in dessen Adoleszenz, wenn zum Beispiel Willkürhandlungen gefährliche Folgen haben können, weil der Adoleszente schon über einen großen Teil der Kräfte und des Bewegungsspielraumes Erwachsener verfügt. Was man dann häufig beobachten kann, ist "Toleranz" aus Schwäche, nicht aus einer Überlegenheit heraus, die aus der eigenen Lebenserfahrung käme: Wahrscheinlich zeigt sich im Umgang mit adoleszenten Kindern, ob die Eltern selbst wirklich erwachsen geworden sind.

Während es beim Umgang mit einem kleinen Kind mehr darum geht, ob man sich entscheidet, eigene Interessen zurückzustellen oder nicht, muß die Durchsetzung eigener Interessen dem Adoleszenten gegenüber oft erkämpft werden. Solche Auseinandersetzungen sind für die Entwicklung des Adoleszenten wahrscheinlich günstig. Es ist sicher nicht gut, wenn er den Eindruck bekommt, daß Erwachsensein bedeute, zurückzustecken und immer nachzugeben. Eltern, die gegenüber dem Adoleszenten ihre eigenen Interessen vertreten, fördern dadurch auch die Entwicklung dessen eigener Ressourcen. Außerdem behindert es die Ablösung aus dem Elternhaus, wenn im Elternhaus alles am einfachsten und bequemsten geht.

Die neurotische Partnerwahl

Unter neurotisch verstehen wir hier ein Verhalten, das durch Konflikt- oder Entwicklungspathologie (*Anna Freud* 1956, 1974) bestimmt wird. Von neurotischer Partnerwahl kann man zum Beispiel sprechen, wenn die Partnerwahl der intrapsychischen Konfliktentlastung diente und hierzu projektive Identifikationen eingesetzt wurden. Häufig findet sich zum Beispiel ein Konflikt zwischen einem Es, das sich in Willkür ausdrücken möchte, und einem Über-Ich, das nicht nur Willkür, sondern auch Spontaneität unterdrückt. Das Über-Ich hat zwar auch normalerweise die Funktion, Willkür zu bremsen, zusammen mit dem steuernden Objekt (*König* 1986) im Ich; eine extreme Ausprägung ist aber als neurotisch anzusehen.

Mit Hilfe der projektiven Identifikation vom Konfliktentlastungstyp externalisieren wir Objekte oder Selbstanteile in die Außenwelt, die mit anderen Objekten oder Selbstanteilen in Konflikt stehen, um den intrapsychischen Konflikt zu einem interpersonellen zu machen, der meist erträglicher ist als einer in der eigenen inneren Welt. Mit der projektiven Identifikation vom Übertragungstyp werden innere Objekte außen aktualisiert, um ein Gefühl des Vertrautseins, der Familiarität zu erreichen. Beide Formen bestehen aus Projektionen und einem interaktionellen, interpersonell wirksamen Anteil, der die Aktualisierung des Projizierten zum Ziel hat, meist mit nonverbalen, aber auch mit verbalen Mitteln. Die projektive Identifikation vom kommunikativen Typ kann bei Partnerwahlen vom narzißtischen Typ nach *Freud* (1905, 1916-17) eingesetzt werden.

Von neurotischer Partnerwahl sprechen wir auch, wenn der Partner nach dem Muster eines inneren Objekts oder Selbstanteils gewählt wurde und die projektive Identifikation in hohem Maße eingesetzt wurde, um ihn zu diesem Objekt passend zu machen. Der Partner muß sich dann vergewaltigen, wenn er die Erwartungen des anderen erfüllen will. Auch ein Elternpaar kann auf den prospektiven Partner übertragen werden.

Ein besonderes Maß an Familiarität wird gewünscht, wenn vom Wählenden infolge phantasierter oder realer Schwäche Neues gefürchtet wird, das nicht bewältigt werden könnte, meist deshalb, weil es in der psychosexuellen Entwicklung starke Fixierungen oder Ich-Entwicklungsstörungen gegeben hat.

Wir sprechen auch von neurotischer Partnerwahl, wenn, besonders bei schizoiden Personen, ein inneres Objekt oder ein Selbstanteil zwar nicht in der Außenwelt aktualisiert wurden, aus Gründen eingeschränkter Realitätsprüfung Projektion aber ohne einen interaktionellen Anteil ausgereicht hat, um den Eindruck zu erzeugen, der Partner ähnele dem projizierten Objekt, obwohl er in Wirklichkeit ganz anders ist. Wenn hier von Eindruck die Rede ist, meint das nichts Bewußtes; daß die Partnerwahl von inneren Objekten bestimmt wird, ist dem Wählenden meist nicht klar. Wir sprechen also von "unbewußten" Vergleichen.

Von neurotischer Partnerwahl sprechen wir schließlich auch, wenn eine Fixierung auf einer bestimmten Stufe der Entwicklung ein solches Ausmaß hat, daß die Kollusion mit einem Partner, der auf der gleichen Entwicklungsstufe fixiert ist, zu extremen Formen der Interaktion führt, wobei sich insbesondere die Kind- und die Elternrolle polarisieren; zum Beispiel füttert der eine nur noch, der andere läßt sich nur noch füttern; der eine kontrolliert nur noch, der andere wird nur noch kontrolliert. Das hat zur Folge, daß die immer auch vorhandene Tendenz, auch die Gegenrolle zu übernehmen, zu sehr unterdrückt wird.

Dauerbeziehung und Begegnung

Heute sind viele Männer und Frauen nicht auf eine Dauerbeziehung, sondern auf eine Begegnung aus. Manchmal hört man sie sagen, sie wollten "etwas erleben". Das kommt bei Männern schon lange vor, vielleicht schon immer. Durch verläßliche antikonzeptionelle Mittel sind die Frauen freier geworden; die Einschränkung durch die neue Geschlechtskrankheit AIDS betrifft Männer und Frauen gleich.

Probierbeziehungen unter Adoleszenten (vgl. S. 61ff) gehen über das Petting hinaus. Ungebundene erwachsene Männer und Frauen suchen eine sexuelle Begegnung, die sie dann als bereichernd empfinden, während sexuelle Begegnungen neben einer Dauerbeziehung wohl meist problematisch sind. Eine Übereinkunft wie sie *Jean Paul Sartre* und *Simone de Beauvoir* (*de Beauvoir* 1983) getroffen hatten, zwischen "notwendigen Beziehungen" und den "relations contingentes", also fakultativen Beziehungen, zu unterscheiden, ist auch heute nicht wirklich verbreitet. Meist schlagen Versuche, in gegenseitiger Übereinkunft fakultative Beziehungen zuzulassen, über kurz oder lang fehl, wohl vor allem deshalb, weil sich die Partner in ihrer "notwendigen Beziehung" selten so sicher fühlen wie *de Beauvoir* und *Sartre* es anscheinend taten.

Eine in den sechziger und siebziger Jahren verbreitete Ideologie, man dürfe nicht eifersüchtig sein, weil Eifersucht ein bürgerliches Gefühl sei, das sich auf einen Besitzanspruch gründe, berücksichtigte nicht, daß Einander-Gehören in einer Beziehung etwas ganz anderes meinen kann als materiellen Besitz und Macht über den anderen. Es gibt pathologische, aber eben auch normale Eifersucht, die ihre Wurzeln wohl in unserem biologischen Erbe hat, das gewisse Grundeinstellungen strukturiert.

Sexuelle Beziehungen, die zur eigenen Lebenserfahrung beitragen, und damit auch die Chancen einer späteren Partnerschaft erhöhen, sollten aber für sich betrachtet werden. Im Abschnitt über Adoleszenz werden wir ausführen, daß eine früh eingegangene Bindung auf Dauer erhebliche Gefahren für die Stabilität dieser Beziehung in sich birgt. Da ist es sicher besser, wenn die Adoleszenten kurzzeitige Bindungen, manchmal auch nur in der

Form einer Begegnung, also eines vorübergehenden Aufeinander-Bezogen-Seins eingehen, bis ihre innere und soziale Entwicklung weiter fortgeschritten ist.

Ein Paartherapeut bekommt Leute, die nur Kurzbeziehungen eingehen, natürlich wenig zu sehen, es sei denn, sie leiden darunter, keine Dauerbeziehung eingehen zu können. Manche möchten dann eine problematische Beziehung zu einer Dauerbeziehung machen, ohne für eine Dauerbeziehung reif zu sein. Man sieht Menschen mit ausschließlichen Kurzbeziehungen aber als Einzel- oder Gruppentherapeut.

Sicher ist die Einstellung bei der Partnerwahl eine andere, wenn lediglich eine kurze Beziehung beabsichtigt wird, als wenn ein Partner für eine Dauerbeziehung gesucht wird. In einer kurzen Beziehung können Eigenschaften des Partners in Kauf genommen werden, die in einer Dauerbeziehung beim Zusammenleben und bei der Bewältigung der täglichen Lebensaufgaben stören würden; hohe Altersunterschiede und erhebliche Unterschiede in der Schichtzugehörigkeit und der sozialen Stellung werden toleriert, während wir bei Dauerbeziehungen feststellen können, daß ein Partner in der Regel in der eigenen Gesellschaftsschicht gesucht wird (vgl. auch *Argyle* und *Henderson* 1985). In kurzen Beziehungen suchen jüngere Männer ältere Frauen und schätzen deren Lebenserfahrung, jüngere Frauen ältere Männer, mit denen eine Dauerbeziehung mit den Jahren problematisch würde. Oft wird mehr als bei einer Partnerwahl, die auf eine Dauerbeziehung ausgerichtet ist, das Fremde und Erregende gesucht, das ganz Andere im Partner, etwas, was man aus der Ursprungsfamilie nicht kennt.

Manche jungen Leute möchten ihre Phantasie von einem Partner nicht an der Realität prüfen, sondern behalten. Sie wollen sich an einen Partner so erinnern, wie er während einer kurzen Zeit des Miteinander-Umgehens gewesen ist. Das ist nicht ohne Gefahr. Jemand, der ein Miteinander-Umgehen nur aus kurzen Beziehungen kennt, stellt sich vielleicht Dauerbeziehungen als andauernde Flitterwochen vor und ist dann von den Realitäten des gemeinsamen Alltags enttäuscht.

Manche Frauen, die unterschätzen, welche Belastungen eine alleinerziehende Mutter zu bewältigen hat, wünschen sich ein Kind von einem Mann, von dem sie wissen, daß sie ihn nicht für eine Dauerbeziehung gewinnen können. Von *Furtwängler* wird erzählt, daß er Vater mehrerer unehelicher Kinder war, die von den Frauen ausdrücklich gewünscht wurden. Ob das stimmt, können wir nicht nachprüfen. Wenn es nicht stimmt, ist es doch gut erfunden. Die Vorstellung, ein Kind von einem genialen Dirigenten aufzuziehen, hat sicher etwas Faszinierendes. Wahrscheinlich ist das vor allem für Frauen attraktiv, die Kinder auch als eine narzißtische Extension ihres Selbst betrachten, was die Entwicklungsprognose solcher Kinder trotz exzellenten väterlichen Erbgutes einschränken dürfte. Auch Frauen, die Phantasien von einem Jupiter-Vater haben, mit dem sie über ein Kind, das er bei ihnen zurückläßt, verbunden bleiben, und über das sie an seiner Herrlichkeit teilhaben, können motiviert sein, ein Kind von einem berühmten oder sonst hervorragenden Mann zu bekommen, ohne daß im mindesten die Aussicht auf eine Dauerbeziehung besteht. Eine solche Dauerbeziehung wird sogar vermieden, weil kein Mann solchen Erwartungen im Alltag gerecht werden könnte. Andere Frauen bleiben ohne Kind ledig, oft nachdem sie versucht haben, den idealen und großartigen Partner zu finden. In einer Vorlesung berichtete *Völkel* von einer Frau, die den idealen Mann suchte und deshalb um die ganze Welt gereist war. Als sie ihn fand, war es aber wieder nichts. *Er* suchte die ideale Frau. - Frauen ohne narzißtische Pathologie und ohne die Fixierung an den Jupiter-Vater haben meist ein gutes Gespür dafür, welche Männer sie halten können und welche nicht. Hier gelten auch die Gesetze der Equity-Theorie (vgl. S. 31ff).

Die bewußte Entscheidung für kurzdauernde Beziehungen, aus denen auch etwas gelernt und für die eigene Entwicklung gewonnen werden soll, ist etwas anderes als ein suchtartiges, promiskuitives Verhalten. Dabei werden Begegnungen gesucht, weil sie eine innere Leere füllen, Angst bekämpfen, Alleinsein unterbrechen sollen, oder weil das Selbstwertgefühl durch eine "Eroberung" gestärkt werden soll. Die gegenseitige Bewunderung, das Aneinander-Begeistert-Sein im sexuellen Umgang kann ein schwaches Zutrauen in die eigenen Geschlechtseigenschaften stärken. Manche Männer und Frauen brauchen diese Bestätigung immer wieder. Das Abklingen der sexuellen Begeisterung des Partners in einer längeren Beziehung erleben sie als eigenes Versagen. Sie trennen sich dann, oft unter einem Vorwand, und suchen eine neue Beziehung; man spricht vom männlichen oder weiblichen Don Juan. Weil das mangelnde Zutrauen in die eigenen Geschlechtseigenschaften sie durch ihr Leben wie eine stets offene Wunde begleitet, machen solche Männer und Frauen das Erobern von immer neuen Partnern zum hauptsächlichen Lebensinhalt. Manche sind erleichtert, wenn sie in ein Alter kommen, in dem sie nicht mehr von sich erwarten können, attraktiv zu sein. Oft wird aber auch das Alter sehr gefürchtet, besonders wenn das Anerkennen der Geschlechtseigenschaften mit dem Anerkennen der gesamten Person gleichgesetzt wird.

Unsere Erfahrungen aus Einzel- und Gruppentherapien zeigen, daß Frauen am Ende kurzdauernder Beziehungen eher als Männer das Gefühl haben, zu kurz gekommen zu sein, übrigens auch wenn ihr sexuelles Erleben anscheinend ebenso intensiv war wie das des Mannes. Wir haben manchmal den Eindruck, daß Frauen, auch wenn sie kontrazeptive Maßnahmen anwenden und keinesfalls schwanger werden möchten, doch verborgen den Wunsch haben, den Partner zu halten, um mit ihm Kinder zu bekommen. Das Erleben ist dann ähnlich, als wenn eine Konzeption stattgefunden hätte und ein Partner benötigt würde, um das gemeinsame Kind aufzuziehen. Dafür gibt es naheliegende evolutionspsychologische Erklärungen. Unsere Grundeinstellungen, die zwar sozial überformt werden können, im Innersten aber bleiben, berücksichtigen die Möglichkeit sicherer kontrazeptiver Maßnahmen nicht.

Trotz ihrer langen Tradition als "das älteste Gewerbe der Welt" ist die Prostitution wohl ein unerfreulicher Modus, kurze Beziehungen zu ermöglichen. Männer, die Prostituierte bemühen, erzählen aber oft, daß sie das Zusammensein mit einem Menschen suchten, nicht nur Sexualität; das Zusammensein mit einem Menschen, der sie als Mann akzeptiert, keine hohen Anforderungen an sie stellt und nicht auf eine Dauerbindung aus ist, in der sie versagen könnten. Kontakte mit einer Prostituierten hinterlassen bei vielen Männern keine Schuldgefühle, während die gleichen Männer Schuldgefühle empfinden, wenn sie spüren, daß eine Frau sich von ihnen nicht trennen möchte, obwohl das doch vorher "eigentlich besprochen" worden war. Auch Männer, die fürchten, sich vor Frauen sexuell zu blamieren, suchen Prostituierte auf. Sie begründen das damit, daß eine Prostituierte keine vollwertige Frau sei, ihre Verachtung treffe nicht so, und außerdem müsse man sie ja nicht wiedersehen. Daß viele Männer gerade unter den äußeren Umständen des sexuellen Kontakts mit einer Prostituierten sexuell "versagen", steht auf einem anderen Blatt.

Warum es nur wenige männliche Prostituierte für Frauen gibt, ist eigentlich noch unbekannt. Wir haben keine Frauen kennengelernt, die Kontakte zu männlichen Prostituierten hatten, auch keine, die davon phantasierten. Es kommt aber durchaus vor, daß Frauen phantasieren, sich Sklaven zu halten, die ihnen sexuell zu Diensten sein sollen, nur ihnen. In den Sklavenphantasien von Frauen führen die Männer meist prägenitale Handlungen aus; ein Koitus, der zu einer Konzeption führen könnte, ist den Sklaven verwehrt. Der Gedanke, daß ein Mann beliebigen Frauen zu Willen sei, nur weil sie ihm Geld geben, stößt die meisten Frauen ab, ebenso die verachtete soziale Stellung des männlichen Prostituierten, der wohl noch geringer geschätzt wird als eine weibliche Prostituierte.

Liebe auf den ersten Blick

"Liebe auf den ersten Blick" kann entstehen, wenn - zwar nicht auf den ersten Blick, aber in kurzer Zeit - nonverbale Signale aufgenommen werden, die signalisieren, daß der prospektive Partner zu den eigenen Erwartungen besonders gut paßt. Entsteht "Liebe auf den ersten Blick" so, kann eine langdauernde Beziehung daraus werden. Häufiger dürfte "Liebe auf den ersten Blick" aber dadurch zustandekommen, daß ein bestimmter Aspekt eines Objekts im prospektiven Partner wiedergefunden und daraus unbewußt geschlossen wird, alle anderen Eigenschaften des Objekts müßten auch vorhanden sein.

Sie ist wohl am leichtesen bei solchen Menschen möglich, die Realität sehr selektiv und reduziert wahrnehmen und das Nichtwahrgenommene durch Phantasie ersetzen, wie das vor allem bei schizoiden Strukturen der Fall ist. Die Prognose für eine Beziehung, die so zustande kam, ist schlecht bezüglich einer langen Dauer. Es ist wichtig, sich klarzumachen, daß im Falle einer Partnerwahl "auf den ersten Blick" unbewußte Erwartungen projiziert wurden, da die bewußten Erwartungen so schnell gar nicht geprüft werden können. Menschen, die wenig Reales wahrnehmen, können eine Partnerwahl treffen, wenn nur *ein* erwartetes Merkmal vorhanden ist. Alles Fehlende ersetzen sie durch Phantasie.

Die Partnerwahl kann durch die Situation beschleunigt werden, in der man sich trifft: Eine allgemeine Euphorie, wie sie beispielsweise in psychotherapeutischen Workshops oft entsteht, kann, zusammen mit den regressiven Phantasien, die eine solche Stimmung auslöst, eine rasche Partnerwahl herbeiführen oder mitbedingen. Nicht alle Formen von regressiven Phantasien sind jedoch geeignet, Menschen im Sinn einer Partnerwahl zusammenzubringen; geeignet sind Phantasien einer im Schutz der Veranstaltung angstfrei erlebten narzißtischen Symbiose. Verschmelzungsphantasien können in einer solchen Situation oft angstfrei erlebt werden, weil die zeitlichen Grenzen des Workshops erwarten lassen, daß die Gefahr nicht besteht, sich in solchen Phantasien zu verlieren: die Grenze wird von außen gesetzt. Alltägliche Verantwortlichkeiten und Bindungen können dabei "vergessen" werden, man befindet sich gleichsam in einer anderen Welt.

Gründe, warum keine Paarbeziehung zustande kommt

Manche Menschen entscheiden sich, allein zu leben, weil sie - zu Recht oder zu Unrecht - annehmen, daß eine Dauerbeziehung sie von ihrer Arbeit abhalten würde, oder weil es ihnen wichtig ist, ihre Bewegungsfreiheit zu behalten - im konkreten und im übertragenen Sinne. Wenn die Entscheidung für den Zölibat freiwillig wäre, wären zum Beispiel katholische Geistliche Männer, die sich gegen eine Paarbeziehung und für den Beruf entscheiden.

Daß jemand viel Bewegungsfreiheit haben will, hängt oft mit inneren Gründen zusammen, oft aber auch mit dem Beruf. Detektive in Kriminalromanen sind fast immer unverheiratet. Wie es in der Wirklichkeit ist, wissen wir nicht. Es scheint aber zunehmend häufiger zu werden, daß Männer und Frauen gleichwertige Karrieren verfolgen, zum Beispiel an der Universität, was dann Probleme gibt, wenn beide in ein berufungsfähiges Stadium kommen. Es wäre wohl ein großer Zufall, wenn beide Partner an die gleiche Universität berufen würden, auch wenn sie sich darum bemühen.

Das könnte einer der Gründe sein, warum ein großer Teil der Frauen, die beruflich etwas erreichen wollen, unverheiratet bleibt. Nach unseren begrenzten Erfahrungen dürften freilich andere Faktoren hinzukommen. Männer erwarten meist doch, daß die Frau ihnen folgt und ihre Karriere aufgibt; jedenfalls dürfte die Gefahr, daß es später zu einem Konflikt wegen mangelnder Mobilität kommen könnte, Männer seltener von einer Ehe abhalten, zumal Untersuchungen (*Argyle* und *Henderson* 1985) zeigen, daß eine Ehe für Männer befriedigender ist als für Frauen. (Uns ist allerdings keine Untersuchung über die Zufriedenheit oder Unzufriedenheit mit dem Zustand des Alleinlebens von Frauen und Männern bekannt.)

Daß Männer ihres Berufs wegen auf eine Paarbeziehung verzichten, kommt, außer in der katholischen Kirche, im ganzen recht selten vor; meist wird die Eheschließung nur aufgeschoben, bis eine stabile berufliche Position erreicht ist. Sonst scheinen Männer, die wegen ihres Berufs dauernd allein leben, eher selten zu sein, am häufigsten vielleicht noch unter Künstlern. Von Homosexuellen ist bekannt, daß viele nicht in einer Paarbeziehung leben, sondern wechselnde Partner vorziehen, was aus verschiedenen Gründen auch bei Heterosexuellen vorkommt.

Alleinlebende Männer und Frauen, mit denen wir es als Psychotherapeuten zu tun bekommen, sind fast alle mit dem Alleinsein unzufrieden. Das sagt natürlich nichts über die Prävalenz von Unzufriedenheit der Alleinlebenden in der Gesamtbevölkerung aus, weil man annehmen kann, daß Zufriedene seltener in Psychotherapie kommen. Manche Alleinlebende schieben Probleme, die sie auch sonst hätten, auf die fehlende Partnerschaft.

Es gibt Menschen, die mit Partnern, an die sie sich nicht binden, befriedigende Sexualität erleben können, in einer späteren Ehe aber nicht. Andererseits gibt es Frauen, die befriedigende Sexualität nur in einer Dauerbindung erleben können (*Fisher* 1976), weil die Angst vor einem späteren Verlust des Objekts sie sonst daran hindert, Sexualität ganz zu erleben. Seit sexuelle Kontakte relativ früh zustande kommen und ein gutes und volles Erleben von Sexualität schon vor der Ehe von vielen Männern als Voraussetzung für eine Dauerbindung angesehen wird, haben diese Frauen unter Umständen Probleme, einen Dauerpartner zu finden. Umgekehrt hoffen viele Paare, daß sich sexuelle Probleme nach einer Eheschließung von selbst beheben. Das ist aber nur dann der Fall, wenn es sich bei den betreffenden Frauen um solche handelt, die eine sichere Bindung brauchen.

Die Persönlichkeitsstruktur eines Menschen drückt sich in der Paarbeziehung natürlich nicht nur in der Sexualität aus, sondern auch in vielen anderen Formen des Miteinanderumgehens. Zwanghafte Frauen ohne stärkere masochistische Tönung, die "oben" sein wollen, scheinen besonders häufig partnerlos zu bleiben. Akzeptieren und genießen sie es, unten zu sein, kann eine langdauernde Beziehung resultieren. Wollen sie aber oben sein, geraten sie mit dem Partner bald in Konflikte, so daß sie sich rasch wieder trennen. Da ein Pantoffelheld verachtet wird, eine unterdrückte Frau nur bemitleidet, werden Männer schon durch sozialen Druck dazu gebracht, eher die obere Position anzustreben, wenn sie eine Zwangsstruktur haben; die untere Position akzeptieren meist nur stark masochistische Männer, die wiederum von jenen Frauen verachtet werden, die oben sein wollen, aber einen starken Partner wünschen, der ihnen Widerstand entgegensetzt und es ihnen ermöglicht, ihre Überlegenheit in immer neuen Kämpfen zu beweisen. Männer, die die eigene Willkür schwer selbst steuern können und deshalb eine Aufpasserin und Gouvernante suchen - dazu gehören zum Beispiel viele Alkoholabhängige - werden nicht von allen diesen Frauen akzeptiert. Eine Verbindung zwischen einem zwanghaften Mann und einer hysterischer Frau scheint im ganzen noch problemloser zu sein als eine Verbindung zwischen einem hysterischen Mann und einer zwanghaften Frau - wahrscheinlich deshalb, weil die reduzierten Steuerungsmöglichkeiten des Hysterischen in unserer heutigen Gesellschaft zu beruflichem Mißerfolg führen, was solche Männer in den Augen ihrer Frauen herabsetzt.

Bei zwanghaften Frauen mit dem Bedürfnis nach einer kontrollierenden Objektbeziehung kommt hinzu, daß ihre sexuelle Erlebnisfähigkeit häufig eingeschränkt ist. Das hängt wahrscheinlich mit ihrer persönlichkeitsspezifischen Abwehr durch Affektisolierung funktionell zusammen. Ähnlich wie bei der Isolierung vom Affekt Gefühle von Denkinhalten abgetrennt werden, kommt es bei der sogenannten Impotentia satisfactionis zu einer Abtrennung körperlicher Vorgänge von Gefühlen: der Orgasmus läuft ungestört ab, die Frau "hat aber nicht viel davon" und könnte genausogut ohne Sexualität leben. Bei Männern ist die Impotentia satisfactionis schon lange bekannt; bei Frauen hat man erst spät darauf geachtet, vielleicht deshalb, weil man sich über die sexuelle Befriedigung der Frau überhaupt weniger Gedanken machte. Auch heute ist es noch so, daß Männer in der Regel zufrieden sind, wenn der Orgasmus bei der Frau für sie erkennbar abläuft. *Wilhelm Reich* (1927) hat wohl als erster darauf hingewiesen, daß es verschiedene Qualitäten von Orgasmen gibt; das Wissen darum ist heute noch nicht Allgemeingut unter allen Männern und Frauen, nicht einmal unter allen Psychotherapeuten.

Mit der eingeschränkten Erlebnisfähigkeit für Sexualität fehlt natürlich ein wesentliches Motiv, mit einem Partner zusammenleben zu wollen. Von zwanghaften Frauen wird eine Ehe häufig nur deshalb angestrebt, weil es für eine Frau "richtig" sei, verheiratet zu sein. Natürlich spielt auch der Wunsch nach Kindern eine Rolle.

Die Impotentia satisfactionis läßt sich schwer therapeutisch beeinflussen. Meist ist eine Charakteranalyse erforderlich, die nur bei wenigen Patienten möglich ist und zustandekommt. Selbst dann ist der Ausgang ungewiß.

Die Diagnose Impotentia satisfactionis wird zu selten gestellt. Sie ist aber praktisch wichtig, nicht nur deshalb, weil ein Symptom übersehen wird, was die Art der Behandlung beeinflussen kann, sondern auch deshalb, weil es auch vom sexuellen Erleben abhängt, wie ein Mensch seine Paarbeziehung bewertet. Wenn man sich damit begnügt, zu fragen, ob eine Frau "immer zum Höhepunkt" komme und mit dem Fragen aufhört, wenn das bejaht wird, wird man die Diagnose "Impotentia satisfactionis bei einer Frau" nicht stellen können, da Spontanangaben dazu selten sind. Weiter führt meist die Frage: "Welchen Stellenwert nimmt die Sexualität in Ihrem Leben ein? Könnten Sie gut auch ohne auskommen?"

Wer keinen Partner hat, idealisiert oft die Paarbeziehung. Besonders häufig führen Frauen, die allein leben, Schwierigkeiten, die eine andere Ursache haben, auf das Fehlen eines Partners zurück. So glauben Frauen mit einem schlechten Selbstwertgefühl, daß sie von anderen Menschen ganz anders geschätzt würden, wenn sie nur einen Partner hätten. Töchter von Frauen, die vom Vater des Kindes verlassen wurden und fortan allein gelebt haben, verachten die Mutter oft, weil sie den Vater nicht halten konnte, und müssen sich später selbst verachten, wenn sie keinen Partner halten können. Das fällt ihnen schwer, weil ihre Vorstellung von einem Mann, wie bei allen Frauen, stark vom Vaterbild beeinflußt ist, und weil das Vaterbild wiederum davon beeinflußt wird, wie die Mutter über den Mann spricht, der sie verlassen hat. Auch der Tod des Vaters wird vom Kind oft als Verlassenwerden erlebt.

Verstorbene Partner werden von der zurückgebliebenen Frau häufig idealisiert. Bei der Tochter kann sich dann die Vorstellung entwickeln, nur eine ebenso ideale Frau könne einen Mann bei sich behalten, was sie daran hindern kann, Kontakte mit Männern aufzunehmen. In einer Beziehung findet sie sich insuffizient und wünscht zwar einerseits den idealen Mann, versucht ihn aber andererseits herabzusetzen, um sich ihm ähnlicher zu fühlen. Das trägt zur Stabilität einer Beziehung natürlich nicht bei.

Letztlich warten solche Frauen auch immer noch auf die "Rückkehr des Vaters" und bleiben deshalb am Ende allein.

Wenn es das Ziel einer Psychotherapie ist, die Voraussetzungen für eine Dauerbeziehung zu schaffen, ist es wichtig, das

Alter der Patientin oder des Patienten zu berücksichtigen. Da die Fertilität der Frau ab Mitte dreißig erheblich abnimmt, haben Frauen in diesem Alter weniger Chancen, einen Partner zu finden, der eine Familie gründen möchte. Männer im gleichen Alter suchen sich oft jüngere Frauen, was ihnen leicht gelingt, weil junge Frauen ältere Männer als Partner akzeptieren und die Gesellschaft es toleriert, wenn ein älterer Mann sich mit einer jüngeren Frau verbindet. Dagegen werden jüngere Männer von älteren Frauen zwar oft angezogen, sie beabsichtigen häufig aber nur eine Probierbeziehung und wollen von der sexuellen Erfahrung, manchmal auch von der Lebenserfahrung der Frau profitieren, um sich für eine spätere Partnerschaft vorzubereiten. Sie bemerken dabei oft gar nicht, daß die ältere Frau eine Dauerbeziehung anstrebt. Das macht ältere Frauen für Männer, die sich noch nicht festlegen wollen, attraktiv; es kann aber das Selbstwertgefühl dieser Frauen beeinträchtigen, daß sie die Option einer Dauerbeziehung in der Einschätzung ihres Partners nicht haben.

Es kommt noch hinzu, daß Frauen mit dem Klimakterium ihre Anziehungskraft für Männer zu einem großen Teil einbüßen. *Grotjahn* (1983) führt dies auf das Inzesttabu zurück: Ältere Frauen werden von Männern leicht wie eine Mutter gesehen, wie auch ältere Männer von Frauen mit Vateraspekten ausgestattet werden. Das Inzesttabu zwischen Sohn und Mutter ist wirksamer als das zwischen Tochter und Vater. An anderem Ort wurde dargestellt, daß Liebesübertragungen von Männern auf eine Therapeutin seltener vorkommen als Liebesübertragungen von Frauen auf den männlichen Therapeuten, was neben anderen auch diese Ursache haben könnte (*König* 1991).

Daneben hat die geringe Attraktivität postklimakterischer Frauen wahrscheinlich auch biologische Ursachen. Es macht einen evolutionsbiologischen Sinn, wenn Frauen im fortpflanzungsfähigen Alter attraktiver sind. Ein junger Mann, der sich mit einer älteren Frau verbindet, denkt auch schon daran, daß seine Frau in absehbarer Zeit an Attraktivität für ihn verlieren dürfte und scheut deshalb eine Dauerbeziehung; entsprechend fürchten viele Frauen mit einem jüngeren Partner, daß er sich später einer jüngeren Frau zuwenden und sie allein bleiben könnte. Das gilt vor allem für solche Frauen, die Trennungen besonders fürchten, also Frauen, die überwiegend depressiv strukturiert sind.

Wegen der geringeren Chancen älterer Frauen, einen Dauer

partner zu finden, kann es geschehen, daß eine Psychotherapie sie zur Partnerbeziehung *fähig* macht, die *Möglichkeit* dazu aber aus Altersgründen nicht mehr besteht. Das ist dann bitter für die Frau; manchmal führt es dazu, daß sie große Schwierigkeiten hat, eine Langzeittherapie zu beenden, weil der Therapeut, auch wenn sie ihn nur drei- oder viermal pro Woche für eine Stunde sieht und sexuelle Kontakte nicht stattfinden, für sie zum Partnerersatz geworden ist. Diese Probleme gibt es seltener bei Kurztherapien, weil ein Ende von vornherein abzusehen ist. Kurztherapien eignen sich aber meist nicht dazu, Charakterprobleme zu bearbeiten, die eine Partnerbeziehung bisher verhindert haben.

Da sich Frauen mit Partnerschaftsproblemen oft erst Anfang dreißig zu einer Therapie entschließen, weil das Scheitern der bisherigen Partnerbeziehungen erst dann als Problem ganz wahrgenommen wird - vorher haben sie noch gehofft, die Sache werde sich mit zunehmender Erfahrung bewältigen lassen -, kommen sie gegen Ende einer mehrjährigen Analyse bereits in ein Alter, in dem es schon schwierig wird, einen Partner zu finden.

Unter Akademikern sind späte Eheschließungen häufiger. Akademikerfrauen können einen angesehenen Beruf in die Beziehung einbringen, was sie im Sinne der Equity-Theorie attraktiver macht, wenngleich der Beruf der Frau bei der Partnerwahl auch heute noch ein geringeres Gewicht hat als der Beruf des Mannes. Viele Männer fürchten auch den beruflichen Erfolg einer Frau. Wenn die Frau noch Kinder bekommen will, ist es zum Zeitpunkt der Eheschließung dann oft hohe Zeit, und sie muß den Beruf erst einmal einschränken oder vorübergehend aufgeben, so daß der Mann doch wieder den größeren oder ganzen Teil der ökonomischen Verantwortung für die Familie trägt. Mitte dreißig fällt es Frauen, die länger berufstätig gewesen sind und im Beruf auch etwas erreicht haben, noch schwerer als jüngeren, auf den Beruf, und sei es nur zeitweise, zu verzichten. Verstärkt gilt dies für Frauen, die mit dem Vater identifiziert sind und die Mutter abgelehnt haben - sie geraten dann in eine Rolle, die der ihrer abgelehnten, nicht berufstätigen Mutter ähnlich ist, und sie leiden darunter.

Bringt der Mann Kinder in die Ehe mit und verzichtet die Frau auf eigene Kinder, fühlt sie sich oft "nicht ganz als Frau". Es scheint vielen Frauen leichter zu fallen, auf eigene Kinder zu verzichten, wenn sie allein leben und vielleicht einen Beruf haben, der sie mit jungen Menschen zusammenbringt, als wenn sie in einer Beziehung leben, die es jeden Tag nahelegt, daß man doch auch gemeinsame Kinder haben könnte. Sind die Kinder des Mannes noch klein, muß die Frau unter Umständen auch ihren Beruf einschränken oder aufgeben, ohne dafür eigene Kinder haben zu können; sind die Kinder schon älter, kommt es oft zu Rivalitäten um den Vater, die über das übliche Maß hinausgehen, weil die neue Frau als Eindringling erlebt wird und die Kinder vorher den Vater für sich allein hatten.

Bleibt eine Verbindung kinderlos und sind keine Kinder des Mannes da, stellt sich ab Mitte dreißig oft die Frage der Adoption. Auf die vielfältigen Probleme, die damit zusammenhängen, soll hier nicht eingegangen werden.

Der Psychotherapeut, an den sich eine Frau, die Anfang dreißig ist oder älter, mit Partnerproblemen wendet, befindet sich in einem Dilemma. Er möchte ihr helfen, das gemeinsame Unternehmen einer Therapie würde aber Gefahr laufen, den unbefriedigenden Zustand herbeizuführen, daß die Patientin beziehungsfähig wird, aber keinen Partner mehr findet.

Meist wird man sich doch zur Analyse entschließen und die Problematik vorher mit der Patientin besprechen. Dann läuft man aber Gefahr, daß sich die Analyse einseitig auf die Partnerproblematik konzentriert, das heißt auf einen Bereich, wo bei diesen Frauen oft der Ort der größten Widerstände gegen das Bewußtwerden unbewußter Konfliktanteile ist, was die Analyse behindert und in die Länge zieht. Allgemeine Regeln lassen sich hier schwer aufstellen; man muß jeden Fall für sich betrachten.

Manchmal gelingt es doch, die Problematik in einer Kurztherapie zu bearbeiten; *Klüwer* (1985) beschreibt die erfolgreiche Fokaltherapie einer Frau, die mit dem Problem kam: Ich bleibe immer sitzen, das heißt, dauerhafte Partnerbeziehungen kommen nicht zustande. Der Fokus dieser Therapie lautete: Ich bleibe immer sitzen, weil ich auf die Rückkehr des Vaters warte. Ob die Patientin danach einen Dauerpartner gefunden hat, wird allerdings nicht berichtet.

Eine relativ günstige Möglichkeit in solchen Fällen ist die Gruppentherapie. Sie kann Strukturveränderungen herbeiführen und hat den Vorteil, daß die Patientin sich meist nicht so stark wie in der Einzeltherapie an den Therapeuten bindet und daß sie in der Gruppe soziale Erfahrungen mit verschiedenen Männern machen kann, was die kommunikative Kompetenz erhöht. Die Gruppe wirkt wie ein soziales Übungsfeld. Ein Problem kann daraus entstehen, daß die Frau in der Gruppe bewußt, vorbewußt oder unbewußt beabsichtigt, einen Partner zu finden, was sie daran hindert, sich so darzustellen, wie sie wirklich ist: Sie zeigt sich zu sehr von ihrer Schokoladenseite und behindert dadurch ihre Therapie.

Viele Psychotherapeuten vermeiden es, die Altersproblematik mit ihren Patientinnen anzusprechen. Sie haben Angst, die Frauen zu kränken; es gilt ja auch als unhöflich, eine Frau auf ihr Alter hinzuweisen. Damit tun sie den Frauen aber keinen Gefallen. Sie gehen eine Kollusion der Leugnung mit den Patientinnen ein, die verhindert, daß die Problematik rechtzeitig bearbeitet werden kann, was aber wichtig wäre - besonders für den Fall, daß die Frau später keinen Partner findet. Das stellt dann eine Belastung dar, mit der die Frauen allein sind, wenn die Therapie schon beendet worden ist, ohne daß das Problem behandelt wurde. In Gruppen finden wir es oft, daß männliche Gruppenteilnehmer älteren Frauen gegenüber so tun, als seien sie viel jünger und ihnen Komplimente machen, die offensichtlich gelogen sind. Der Psychotherapeut sollte in einer solchen Situation taktvoll, aber doch klar und eindeutig intervenieren und die Ängste der Männer ansprechen, Frauen zu kränken oder als ein Stoffel angesehen zu werden, wenn sie sagen, was sie diesen Frauen gegenüber wirklich fühlen und was sie von ihnen denken. Dabei ist natürlich die Toleranzgrenze der Frauen zu beachten.

Partnerwahl während der Adoleszenz

Während der Adoleszenz findet ein psychischer Konsolidierungsprozeß statt. Ödipale Konflikte, die reaktiviert worden sind, müssen gelöst werden. Es soll eine innere Trennung von den Eltern erreicht werden. Die eigene sexuelle Identität wird erst in der Adoleszenz fest etabliert; in diesem Zusammenhang sind auch die homophilen Freundschaften und Schwärmereien dieser Lebenszeit zu sehen. Schon während der Adoleszenz, also in einer Periode rascher Entwicklung, wird aber die Berufswahl getroffen. Viele Adoleszente wissen mit siebzehn noch nicht, was sie mit neunzehn oder einundzwanzig studieren möchten.

Der Umgang mit dem anderen Geschlecht kann diese Prozesse fördern oder hemmen und ihre Richtung beeinflussen. Erfolgs- und Mißerfolgserlebnisse wirken auf das Selbstkonzept: Beim Thema Partnerschaft beeinflussen sie Vorstellungen von der eigenen Attraktivität, im Beruf oder in der Ausbildung Vorstellungen von den professionellen Fähigkeiten. Erfolgs- oder Mißerfolgserlebnisse können das Selbstwertgefühl, wie es bis zum Zeitpunkt dieser Erlebnisse bestanden hat, in seinen qualitativen und quantitativen Ausprägungen bestätigen oder nicht und es so fester etablieren oder verringern.

Jungen Männern hat man wohl immer schon "Probierbeziehungen" zugestanden, jungen Frauen nicht, was mit komplexen sozialen Vorstellungen zusammenhängt, die wahrscheinlich viel mit der Tatsache zu tun haben, daß Frauen schwanger werden können und meist auch für die Kinder nach der Geburt mehr Verantwortung tragen müssen. Eine Mutter, die ihr Kind verläßt, ob ein Vater da ist oder nicht, wird meist negativ bewertet. Ein Vater, der sein Kind verläßt, wird nur dann in ähnlichem Maße wie eine Mutter abgelehnt, wenn keine Mutter oder Mutterersatzperson für das Kind zur Verfügung steht. Man denke in diesem Zusammenhang auch an den schwäbischen Spruch: "Die Mädle muß mer eisperre, die Bube kammer laufe lasse". Seit zuverlässige kontrazeptive Methoden zur Verfügung stehen, haben auch die Mädchen mehr Freiheiten.

Sicher tragen Probierbeziehungen auch bei Frauen dazu bei, daß sie einige ihrer Erwartungen überprüfen können. In einer Probierbeziehung von einigen Wochen oder Monaten läßt sich Sexualität erproben, allerdings mit der Einschränkung, daß die sexuelle Erlebnisfähigkeit auch davon abhängt, ob es sich um eine voraussichtlich kurze Beziehung oder eine "Beziehung mit Perspektive", also mit der Wahrscheinlichkeit von Dauer handelt. Bei manchen Frauen, vor allem bei den vaterfixierten, scheint die Erwartung, die Beziehung könnte länger dauern, die sexuelle Erlebnisfähigkeit einzuschränken, weil in einer Dauerbeziehung das Inzesttabu aktiviert wird; bei anderen, vor allem depressiven Frauen, die große Angst vor dem Verlust von Objekten haben, kann es so sein, daß sie sich nicht voll auf eine Beziehung einlassen möchten, die keine Dauer verspricht. Die vaterfixierten Frauen probieren, wenn sie nicht auch interpersonell an das Vaterobjekt gebunden sind, eher viel, die depressiven Frauen eher wenig. Bei depressiven Frauen führt das dazu, daß sie ihre bewußten und unbewußten Erwartungen an Versorgt- und Betreutwerden durch einen Partner nicht an der Erfahrung korrigieren, so daß sie von einer späteren Dauerbeziehung dann enttäuscht sind.

Schizoide Menschen fürchten Nähe, weil sie fürchten, ihre Identität zu verlieren; gleichzeitig sehnen sie sich nach Verschmelzung mit einem grenzenlosen Objekt, nach einer Globalverschmelzung nicht nur mit dem Partner, sondern auch mit der umgebenden Natur, wenn zum Beispiel ein Koitus im Freien stattfindet. Die Erwartungen an den Partner sind hoch, die Realität des Partners wird aber, soweit sie den Erwartungen widerspricht, oft ausgeblendet. So kann es passieren, daß ein junges Mädchen über längere Zeit Grandioses mit einem Partner erlebt und gleichzeitig in einer sonst ganz unpassenden Beziehung soziale Realitäten schafft, mit denen nachher beide schwer umgehen können. Schizoide Mädchen phantasieren sich mit dem Partner zusammen als ein kosmisches Paar, wozu gehört, daß ein Kind gezeugt wird, und stehen nach einem auch noch grandiosen Geburtserlebnis hilflos vor den Realitäten der Kinderpflege - manchmal wird aber auch die noch gut bewältigt, es geht "irgendwie", und schließlich kann es sogar gut gehen.

Häufiger allerdings kommt es wegen des geringen Einflusses der Realität des Partners bei der Partnerwahl zu zahlreichen Partnerwechseln, wobei die Partnerwahl oft stark von der Umgebung abhängt: ein Fischer in Griechenland, ein Tanzpartner bei anrührender Musik, jemand, der gut Ski läuft während des Urlaubs in den Bergen. Bei den meisten anderen Menschen wird eine Partnerwahl mehr von der Realität des Partners beeinflußt, zum Beispiel von seiner sozialen Stellung; ein Fischer oder ein Skilehrer kommen für eine Abiturientin im allgemeinen weniger in Frage, es sei denn, sie befindet sich in einer Opposition zum Elternhaus, die die Schichtzugehörigkeit der Eltern miteinbezieht.

Partnerwahlen vom schizoiden Typ sind in der Adoleszenz besonders riskant, weil sich dann fehlende Sozialerfahrung mit eingeschränkter Realitätswahrnehmung kombiniert: eine Mischung, die bewirkt, daß es nur mit Glück zu einer passenden Partnerwahl kommt.

Die Adoleszenz disponiert zwar zu Probierbeziehungen, aber nicht alle Beziehungen, die als Probierbeziehungen gelten können, sind so intendiert; und auch wenn sie so intendiert waren, lassen sie sich nicht immer als Probierbeziehungen durchhalten, zum Beispiel eben, wenn es zu einer Schwangerschaft kommt. Der Wunsch, sich vom Elternhaus zu lösen, indem man eine feste andere Beziehung eingeht, ein Konflikt mit dem Elternhaus, die Angst vor dem Schmerz der Trennung oder die Angst vor dem Alleinsein können eine Beziehung zu einer Dauerbeziehung werden lassen, die alles andere als optimal ist.

Aber selbst eine Partnerwahl, die auch die Realität des Partners einbezieht, hat während der Adoleszenz eine geringere Chance auf Dauer. Es ist in diesem Lebensabschnitt schwieriger, auf einen Partner zu treffen, der für eine Dauerbeziehung geeignet ist, als später, eben weil das Selbstkonzept des Wählenden noch so wenig konsolidiert ist und seine weitere Entwicklung stark von Menschen abhängt, mit denen er im weiteren Verlauf der Adoleszenz zusammentreffen wird.

Ganz allgemein gilt, daß mangelnde soziale Erfahrung entweder durch Phantasie oder durch Gelesenes und Gehörtes ersetzt wird: Statt knowledge by acquaintance wird knowledge by description erworben (*Russell* 1952). Jene Informationen, die auf dem Wege von "description", also durch Beschreibung und nicht durch eigenes Erleben, an den Adoleszenten gelangen, werden von ihm selegiert, wobei jemand, der eigenen Phantasien und vorbildhaften Objekten entspricht, oft unrealistisch viel Vertrauen genießen kann. Es ist allerdings von vielen Faktoren abhängig, ob jemand zum Beispiel in der Schule einen Lehrer oder eine Lehrerin findet, die für ein bestimmtes Fach oder auch für eine bestimmte Lebensauffassung begeistern können; wer als Vorbild dienen soll, muß auch als Vorbild geeignet sein, ohne daß die Phantasien des einzelnen Adoleszenten *alles* an Anpassung besorgen müßten. Beispielsweise wird ein Lehrer vom einzelnen Schüler oder der einzelnen Schülerin meist nur dann bewundert werden, wenn die ganze Klasse oder die ganze Schule ihn gut findet, nicht nur der Einzelne. Oft hören wir, daß eine Berufswahl durch einen Lehrer determiniert wurde - allerdings vor allem bei ödipal fixierten Menschen, für die "Elternfiguren" in einer für die Adoleszenz schon unrealistischen Position geblieben sind: mächtig und faszinierend.

Früher war das Heiratsalter niedriger. Die Partnerwahl durch die Partner selbst spielte eine geringere Rolle, weil Ehen durch die Familien arrangiert wurden: Nicht die inneren Objekte richteten die Wahl aus, sondern die Familie als reale Konstellation äußerer Objekte traf die Wahl. Während die jungen Männer in vielen Gesellschaftsschichten wanderten oder reisten (Wanderjahre von Handwerksgesellen, die Zeit an der Universität, früher mit häufigerem Ortswechsel als heute), wurden die jungen Frauen in der Obhut des Elternhauses behalten, bis sie heirateten, was zum großen Teil durch das Fehlen kontrazeptiver Möglichkeiten erklärt werden kann: Wo nicht verhütet werden kann, muß behütet werden.

Eine junge Frau konnte alles, was zum Führen eines Haushalts - oder, im Großbürgertum, "eines Hauses" - notwendig war, während der Adoleszenz erlernen; auch das Notwendige zur Arbeit in einem Familienbetrieb. Soweit die innere Entwicklung von der äußeren beruflichen abhängt, konnte sie früher abgeschlossen sein. Gegen Ende der Adoleszenz war der junge Mann sicher Geselle, gelegentlich schon Meister, auch ein Studium dauerte früher kürzere Zeit, so daß noch in unserem Jahrhundert einundzwanzigjährige bis dreiundzwanzigjährige Doktoren keine Seltenheit waren.

Der übliche Altersabstand ermöglichte den Männern die Berufsausbildung außer Haus, dann konnte geheiratet werden. Die gesellschaftlichen Verhältnisse änderten sich kaum, der Mann hatte die Vorbilder außer Haus kennengelernt, und der jungen Frau sollte die Mutter als Vorbild genügen.

Durch die Länge der Ausbildung wird die Adoleszenz heute

verlängert. Während früher ein Studium mit dreiundzwanzig Jahren, also mit dem Ende der Spätadoleszenz, abgeschlossen werden konnte, sind die heutigen Studenten oft schon Ende zwanzig oder älter, wenn sie ihr Studium abschließen. Sicher gab es früher schon Studienfächer, bei denen eine Heirat durch die dem Studium folgende praktische Ausbildung verzögert wurde, so zum Beispiel bei den Medizinern. Die Juristen hatten auch eine praktische Ausbildung, aber ein kurzes Studium. Mediziner konnten sich als frischgebackene Doktoren niederlassen; wollten sie ein Spezialfach erlernen oder gar ein Krankenhaus übernehmen, mußten sie länger in Ausbildung bleiben; dann wurde von ihnen erwartet, daß sie zunächst nicht heirateten, besonders an vielen Universitätskliniken.

Sicher hängt die Zunahme der Studenten-Dauerbeziehungen mit der Verlängerung der Studienzeiten zusammen. Dauerbeziehungen werden oft in einem Alter etabliert, in dem auch früher Dauerbeziehungen eingegangen wurden. Dauerbeziehungen schränken neben anderen Faktoren die Mobilität der Studenten ein, ein Grund unter anderen, warum Universitäten heute weniger oft gewechselt werden als früher.

Die Gefahr einer falschen Partnerwahl bei Studenten wird durch die verlängerten Studienzeiten erhöht. Keine Identitätsbildung kann mit dreiundzwanzig Jahren abgeschlossen werden, wenn sich der Betreffende noch in Ausbildung befindet. Ist er eine Dauerbeziehung eingegangen und sind mit dreiundzwanzig oder fünfundzwanzig Jahren sogar schon Kinder da, übernimmt der Betreffende Verantwortung als Familienvater, meist aber nicht als Ernährer der Familie, da ja ein Studentenpaar in der Regel auf Zuwendungen von seiten der Eltern oder des Staates angewiesen ist. Welchen Einfluß es auf die Identitätsbildung und das Selbstkonzept eines Menschen hat, wenn er die ökonomische Verantwortung für sein Leben und das anderer trägt, wird oft unterschätzt. Auch für die Partnerwahl ist es wichtig, ob der zu Wählende als einer erlebt wird, der für das Finanzielle zuständig ist, allein oder mit der Partnerin; und es spielt bei der Partnerwahl der Männer sicher eine Rolle, ob eine Frau mit vielen anderen Männern verschiedenen Alters umgeht, die für sie wichtig sind und ihr Leben stark beeinflussen, wie es während einer Studienzeit der Fall ist, oder ob die Zahl der Männer kleiner und der Einfluß anderer Art ist, wie während einer Berufstätigkeit, wo die älteren Männer weniger als Gebende und

Anleitende auftreten, wie zum Beispiel die Hochschullehrer, sondern mehr als Personen, die Können voraussetzen und produktive Leistung erwarten. In den meisten Studienfächern ist der Student mehr ein Aufnehmender als ein Produzierender, im Beruf muß er mehr Produzierender als Aufnehmender sein. Man kann sagen, daß der Student aufnimmt, um Substanz (Wissen) anzusetzen und Fertigkeiten zu erwerben. Der Berufstätige nimmt Informationen auf, um sie gleich produktiv umzusetzen; die Zunahme an Wissen und Erfahrung stellt meist nur einen Nebeneffekt dar, der zwar erwartet wird, sich aber eher mittel- und langfristig auswirkt.

Die Universität wird oft als spendende Mutter gesehen. Bezüglich der Regulationen und Prüfungen hat sie auch väterlichen Charakter. Insgesamt bietet sie Übertragungsauslöser für ein Elternpaar. Es ist nicht immer leicht zu prognostizieren, wie ein Mensch sich ohne dieses Elternpaar Universität entwickeln wird.

Die Verlängerung der Studienzeiten dürfte die Übertragung von Elternobjekten auf die Universität fördern. Drei Jahre sind eine Zeit, deren Ende doch viel eher abzusehen ist als fünf oder sieben Jahre, jedenfalls für einen Achtzehn- oder Neunzehnjährigen und auch noch für den Einundzwanzigjährigen nach Militär- oder Zivildienstzeit. Dauer ist aber ein Charakteristikum der Beziehung zu den Eltern und überhaupt zu Objekten der Primärfamilie. Auch Geschwisterübertragungen auf Partner können durch die Situation an der Universität gefördert werden. Die Universität stellt das Elternpaar dar, ein möglicher Partner einen Bruder oder eine Schwester. Da das Inzesttabu zwischen Geschwistern weniger wirksam ist als zwischen Kindern und Eltern, kommt es meist nicht zu sexuellen Hemmungen, wohl aber zu Phantasien, das Geschwisterpaar, das man mit seinem Partner bildet, würde auf unabsehbare Zeit mit einem "Elternpaar" rechnen können, das viele Freiheiten zuläßt, viel füttert und wenig Produktives und Selbständiges, sondern mehr Reproduktives, Abhängiges erwartet. Rufen wir uns in Erinnerung, daß die Übertragung von Elternimagines stark durch das Erleben der ersten fünf Lebensjahre bestimmt ist, - einer Zeit, in der das Kind meistens den Eindruck hat, die Eltern würden ihm "immer" zu Verfügung stehen.

Die Geschwisterübertragungen wirken sich dann später so aus, daß die Paarbeziehung labilisiert wird, wenn die Elternfiguren fortfallen. Erwartungen, die an die Universität als Elternpaar gerichtet waren, versucht man nun anderswo unterzubringen, zum Beispiel auch in der Paarbeziehung. Das Paar fühlt sich "verwaist", wenn nicht andere Institutionen die Rolle der Universität übernehmen. Das geschieht aber nur eingeschränkt, weil im Beruf meist mehr Eigenständigkeit im Sinne von Verantwortlichkeit verlangt wird, nicht immer bezüglich dessen, was man tut oder läßt, sondern im Hinblick darauf, wie man arbeitet. Die Phantasie, daß man den Partner "hat" wie einen Bruder oder eine Schwester, wird durch die neue Umgebung labilisiert, die Auseinandersetzung mit möglichen Konkurrenten um den Partner oder die Partnerin wird aktueller. Man hat früher schon geahnt, daß es Menschen gibt, die dem Partner in mancher Hinsicht vielleicht mehr bieten könnten, man hatte aber die Phantasie dabei, das würde die Beziehung nicht tangieren, weil man eben wie Geschwister zueinander gehört.

Sind die Partner in Familien großgeworden, wo es viele Kinder gab, ist der Unterschied zwischen der Familienphantasie und der Erwachsenen-Realität bezüglich der Rivalitäten geringer, denn in einer Familie mit mehreren Kindern gab es meist wechselnde Koalitionen, - man mußte um seinen Platz werben oder kämpfen.

Dieses Kapitel liest sich sicherlich wie ein Plädoyer für eine späte Partnerwahl. Andererseits müssen wir aber im Auge behalten, daß eine späte Partnerwahl auch wieder etwas Künstliches an sich hat, weil etwa zwischen dem 20. und dem 25. Lebensjahr der Wunsch nach einer Dauerbeziehung zunimmt und nicht ohne weiteres unterdrückt werden kann. Der Wunsch nach einer Dauerbeziehung steht im Konflikt mit der Tatsache, daß die Partnerwahl für eine Dauerbeziehung während des Studentenmoratoriums (*Erikson* 1976) mit einem besonderen Risiko verbunden ist.

Mädchen erfahren Zärtlichkeit von der Mutter und von gleichaltrigen Mädchen; der Vater gibt oft nur noch wenig Zärtlichkeit, weil er Angst vor sexuellen Gefühlen seiner Tochter gegenüber hat. Männer neigen überhaupt mehr dazu, Zärtlichkeit sexuell zu interpretieren als Frauen. Die Mädchen erwarten in der Adoleszenz dann Zärtlichkeit von den Jungen, die die Zärtlichkeitswünsche als sexuelle Wünsche interpretieren, auch dann, wenn sexuelle Wünsche von seiten des Mädchens noch abgewehrt werden. Die Zärtlichkeit der Mutter wehren Jungen in der Adoleszenz meist auch ab, weil sie sie mit einer Bindung an

Objekte assoziieren, von denen man sich lösen will, und weil Zärtlichkeit von ihnen in diesem Lebensabschnitt bereits mit Sexualität konnotiert wird. Das aktiviert das Inzesttabu. Für die Mädchen bleibt die Zärtlichkeit der Mutter stärker erhalten, weil sie nicht vor der Aufgabe stehen, sich von der Mutter als "Partnerin" zu lösen; der Vater ist oft schon zu Beginn der Adoleszenz auf Distanz gegangen. Von Mädchen wie Jungen wird Sexualität in den Dienst der Ablösung aus der Familie gestellt.

Der Einfluß der Primärfamilie auf die Partnerwahl und die Entwicklung einer Paarbeziehung

Ist eine innere Ablösung von den Personen der Primärfamilie nicht ausreichend erfolgt, wird die Partnerwahl mehr als sonst durch die inneren Objekte bestimmt. Sind die Ablösung und die Verselbständigung gelungen, kann in einer neuen Beziehung eher etwas Neues gewagt werden. Manche scheinbar von den vertrauten Objekten der Primärfamilie abweichende Partnerwahlen sind aber in Wirklichkeit durch die inneren Objekte bestimmt, wenn eine antithetische Partnerwahl erfolgt, weil das Verhalten der Personen in der Primärfamilie abgelehnt wird.

In früheren Zeiten wurde auch in Europa ein großer Teil der Ehen durch Verhandlungen von Familien miteinander geschlossen: Die Familien bestimmten die Partnerwahl. In manchen Ländern, zum Beispiel in Indien, ist das heute noch so. In Mitteleuropa ist die Partnerwahl aber mehr durch die inneren Objekte bestimmt als durch die äußeren. Allerdings kann es auch hier vorkommen, daß jemand die Familie des Partners "heiraten" will, nicht lediglich im Sinne einer Einheirat in der materiellen Bedeutung, sondern im Sinne der Verbindung mit einer Familie, die der eigenen Ursprungsfamilie ähnlich ist oder sich von ihr diametral unterscheidet und daher Defizite der eigenen Entwicklungsgeschichte auszugleichen verspricht.

Abhängigkeiten von inneren und von äußeren Objekten können sich gegenseitig verstärken. Ist die Abhängigkeit von den inneren Objekten bewältigt, kann in der Regel auch eine äußere Distanzierung vollzogen werden. Die Kleinfamilie der heutigen Zeit hat den Vorteil, daß die realen Abhängigkeiten von der Ursprungsfamilie meist gering sind, sobald ein Paar einen eigenen Hausstand gegründet hat und ökonomisch unabhängig geworden ist. Auch deshalb ist eine Paartherapie, und nicht eine Familientherapie, für die meisten neurotischen Ehekonflikte die Methode der Wahl.

Nicht nur in der Paartherapie, sondern auch in der Einzeltherapie und in der Gruppentherapie sollten aber die realen Beziehungspersonen eines Patienten, zu denen auch die Primärfamilie zählen kann, im Blick behalten werden. Insoweit ist Paartherapie *Familientherapie mit einem Paar*, Einzeltherapie *Familientherapie mit dem Einzelnen* und Gruppentherapie *Familientherapie einzelner in einer Gruppe.*

Fremdgehen

Fremdgehen heißt, zu einem Anderen oder einer Anderen gehen, der oder die nicht vertraut, sondern eben fremd ist. In dem Wort liegt schon eine Erklärung dafür, warum "fremdgegangen" wird. Zu starkes Vertrautsein mit einem Partner oder einer Partnerin kann bewirken, daß man sich zwar miteinander wohlfühlt, den anderen aber nicht mehr erregend findet. *Bischof* (1985) definiert eine geglückte Beziehung als eine, bei der ein optimales Verhältnis zwischen Vertrautsein und Fremd- und damit Erregendbleiben gefunden wird. In der Realität ist das nicht immer leicht. Eine Dauerbeziehung bewirkt, daß man miteinander vertrauter wird. Zunächst wird der Partner auch gewählt, weil er in seinem Verhalten dem früherer Beziehungspersonen ähnelt. Der spätere Umgang miteinander bringt dann ein zunehmendes Vertrautsein mit der Realität des anderen. Man erkennt zum Beispiel, daß der andere sich doch von dem Menschen unterscheidet, nach dessen Modell man ihn unbewußt gewählt hat. Ein Teil der Vertrautheitsgefühle erweist sich als unfundiert in der Realität des anderen; man entdeckt aber neue Aspekte, mit denen man dann vertraut wird.

Insgesamt nimmt die Vertrautheit durch den täglichen Umgang miteinander zu, das Unvertraute, und dadurch Interessante, nimmt ab. Statistiken (*Argyle* und *Henderson* 1985) lassen erkennen, daß die Koitusfrequenz in Ehen mit der Zeit abnimmt, was mit der Dauer der Ehe korreliert, nicht nur mit dem Alter der Partner.

Sicher führt es nicht immer gleich zu einem Fremdgehen, wenn eine Person im Umfeld der Paarbeziehung auftaucht, die in ihrem Verhalten früheren Objekten entspricht und auch ein passendes Kollusionsangebot auf der Trieb- und Objektbeziehungsebene macht, aber in anderer Hinsicht noch unvertraut und deshalb erregend ist. Man will die bestehende Beziehung nicht gefährden, den Partner nicht kränken, ihn nicht der Angst aussetzen, die Beziehung würde in einer Trennung enden.

Natürlich ist die Wahrscheinlichkeit, daß ein Partner fremdgeht, größer, wenn er mit der gegenwärtigen Partnerbeziehung unzufrieden ist; in anderen Kapiteln wird auf die Gründe für Unzufriedenheit eingegangen. Die Unzufriedenheit muß nicht immer in einer Dekompensation der Partnerbeziehung begründet sein. Keine Beziehung kann alles bieten. Jede Beziehung gibt nur begrenzte Gelegenheit, eigene Lebensmöglichkeiten zu entfalten; es kann daher eine Art Ergänzung im fremden Partner gesucht werden. Das ist in besonderem Maße der Fall, wenn in einer Persönlichkeit konfligierende Partnerwünsche existieren, zum Beispiel wenn der Wunsch nach einer sicheren, "bürgerlichen" Beziehung besteht und gleichzeitig der Wunsch nach einem Abenteuer, oder es kann der Wunsch bestehen, mit einem Partner zusammenzuleben, der vorwiegend versorgt, gleichzeitig aber wird eine Beziehung zu einem Partner gewünscht, der anregt und fordert.

Eine Außenbeziehung kann, weil die jeweiligen Kontaktzeiten meist sehr begrenzt sind, den Reiz des Neuen lange Zeit bewahren, wobei sich die sexuelle Aktivität auf die Außenbeziehung verlagert. Das kann dem ursprünglichen Partner unwillkommen sein oder nicht, je nachdem, welchen Stellenwert Sexualität in seinem Leben hat. Sexuelle Schwierigkeiten mit einem Partner, der aber immer noch erregend ist, führen interessanterweise seltener zu Außenbeziehungen, als man meinen möchte. So konnten wir mehrfach beobachten, daß der Partner einer Frau mit Vaginismus sich über Jahre bemühte, die Schwierigkeiten zu beheben, ohne daran zu denken, eine Außenbeziehung einzugehen. Vielleicht bewirkt ein Vaginismus, daß der Partner den Eindruck hat, bei seiner Frau sei immer noch etwas zu erreichen und zu entdecken, was er noch nicht kennt. Das liegt um so näher, als eine Frau mit Vaginismus ja durchaus sexuell erregbar ist, im Unterschied zu Frauen mit einer Alibidinie.

Die Partnerin in einer Außenbeziehung wünscht oft, an die Stelle der Ehefrau zu treten, aber nicht immer. Daß der Mann seine Kinder nicht verlieren möchte - ein häufig vorgebrachtes Argument gegen eine Trennung -, wird von der Geliebten oft nicht nur akzeptiert, weil sie Schuldgefühle vermeiden will, die sie gegenüber den Kindern des Partners haben müßte, sondern auch, weil dieses Argument es ihr erspart, sich eingestehen zu müssen, daß sie ein enges Zusammenleben mit dem Mann gar nicht möchte oder nicht aushalten würde. Manche dieser Frauen suchen eine Freundschaft mit der Ehefrau und konstellieren so eine ödipale Situation, in der eine Beziehung zum Vater besteht, ohne daß die Mutter böse ist und als Mutter verlorengeht.

Viele der Frauen in einer Außenbeziehung wünschen sich, daß der Partner mehr Zeit für sie hätte, möchten ihn aber nicht den ganzen Tag um sich haben, weil sie ihre Freiheit behalten und ihre berufliche Tätigkeit nicht einschränken möchten, was der Mann bei einer Heirat vielleicht verlangen könnte oder was sich ergeben würde, wenn sie selbst mit diesem Mann Kinder hätten. Es gibt auch Frauen, die ein Kind von einem bestimmten Mann wünschen, es aber allein aufziehen wollen, weil sie antizipieren, daß sie mit dem Vater im täglichen Zusammensein nicht auskommen würden - vielleicht auch, weil sie fürchten, sie könnten durch das zu starke Miteinander-Vertrautwerden an Attraktivität verlieren und sie selbst könnten in jene Situation kommen, in der sich die Ehefrau jetzt befindet. Sie ziehen es vor, von dem Mann "wenig zu haben", was die Zeit angeht, die beide miteinander verbringen können, in dieser Zeit aber eine intensive Sexualität zu leben. Manche dieser Frauen fühlen sich an ihrem Arbeitsplatz in eine versorgende und beschützende Institution eingebunden. Der versorgende Aspekt einer festen Anstellung, vielleicht mit Kündigungsschutz wie im öffentlichen Dienst, kann ihnen mehr Sicherheit geben als eine Ehe. In einer Ehe müßten sie mehr versorgende Funktionen dem Mann gegenüber übernehmen, ohne daß der Mann ihnen in gleichem Maße wie die Institution, wo sie arbeiten, Sicherheit geben würde. Eine Frau, die durch ihr Alter an Attraktivität verliert, wie zum Beispiel eben die Ehefrau, kann den Mann später nicht nur als Sexualpartner, sondern auch als Versorgenden verlieren. Eine Frau mit einer festen Anstellung verliert den Mann vielleicht irgendwann einmal als Sexualpartner, behält aber Sicherheit und Versorgung. Damit, daß sie den Mann als Sexualpartner auch in fortschreitendem Alter behalten wird, wie das in einer geglückten Dauerbeziehung möglich ist, wird sie eben dann nicht rechnen können, wenn die Partnerin des Mannes älter ist und der Mann sich von der Ehefrau ab- und ihr als der Jüngeren zugewandt hat.

Frauen ohne einen solchen sicheren Beruf oder mit geringem Sozialstatus werden eher motiviert sein, den Mann für sich auch als offiziellen Partner zu gewinnen. Wenn hier von Versorgung und Sicherheit die Rede ist, wird nicht nur die materielle Realität angesprochen, sondern auch die infantil-symbolhafte Seite von Sicherheit und Versorgung.

Kommt eine Frau in ein Alter, in dem das Ende der Zeit abzusehen ist, in der sie Kinder bekommen kann, mag auch die beruflich selbständige und angesehene Frau auf eine Verbindung drängen, die ihr das in einer ganztägigen Partnerschaft ermöglicht. Die Kinder des Mannes sind dann oft schon in einem Alter, in dem sie eine Trennung der Eltern eher verkraften können, so daß das Argument, er wolle die Ehe wegen der Kinder aufrechterhalten, an Gewicht verliert. Manche Männer trennen sich dann, andere scheuen sich gerade jetzt, ihre Frau allein zu lassen, oder sie haben sich mit der Doppelbeziehung arrangiert und möchten sich nicht mehr umstellen. Viele haben auch Angst davor, die Mühe und Verantwortung einer Vaterschaft im fortgeschrittenen Alter noch einmal zu übernehmen. Selbstverständlich können sie auch die finanzielle Belastung scheuen, die auf sie zukommt, wenn sie gleichzeitig die alte und die neue Ehefrau unterhalten müssen.

Frauen scheinen weniger als Männer in der Lage zu sein, zwei Dauerbeziehungen nebeneinander zu unterhalten. Manche sexuell unbefriedigten Frauen suchen ein kurzes "Abenteuer", um erregende Aspekte einer Beziehung zu erleben, die ihnen in der Ehe verloren gegangen sind, sie können Sexualität aber weniger von einer Dauerbeziehung trennen als Männer und streben eher eine Entscheidung an. Das existentielle Risiko für eine Frau, die ihren Beruf in der Ehe aufgegeben hat, ist auch größer als beim Mann. Trennt sich der Mann von ihr, bleibt sie nach dem gegenwärtigen Scheidungsrecht versorgt, aber allein, wenn der Außenpartner nicht bereit ist, mit ihr zusammenzuleben. Auch nimmt die Wahrscheinlichkeit mit zunehmendem Alter ab, daß sie einen anderen Partner findet, wenn der Außenpartner sie verläßt.

Eine Frau, die nur kurze Zeit in einem eigenen Beruf gearbeitet hat, ist oft auch weniger in der Lage, Beziehungen getrennt zu halten, als ein Mann das geübt hat, der, seit er eine Familie hatte, mit der Aufgabe fertigwerden mußte, gleichzeitig seiner Familie und seinem Beruf gerecht zu werden.

Daß dies aber dennoch möglich ist, zeigt das sogenannte italienische Modell. In Italien scheint es häufig vorzukommen, daß eine Ehefrau in ihrer Familie vorwiegend die versorgende Rolle übernimmt, gleichzeitig aber die Geliebte eines anderen, ebenfalls verheirateten Mannes ist. Es wäre sicher interessant, wenn auch methodisch schwierig, zu untersuchen, was die Möglichkeit der Ehescheidung, die in Italien lange Zeit nicht bestand, an diesen Verhältnissen geändert hat.

Trennung

Es ist eher die Regel als die Ausnahme, daß der Entschluß, sich zu trennen, bei den Partnern zu verschiedenen Zeiten zustande kommt. Trennungen sollen dann oft abgepreßt oder abgetrotzt werden; eine unglückliche Situation, die auch vom Therapeuten nicht immer beeinflußt werden kann. Ziel einer Therapie sollte das Erhalten der Beziehung oder eine einvernehmliche Trennung sein. Wenn ein Partner sich trennen will und der andere nicht, ist das wohl der ungünstigste Ausgang. Er ist nicht immer zu vermeiden, vor allem, wenn schon zu Beginn der Therapie feste Positionen bezogen sind.

Die Trennung wird dem einen Partner oft erleichtert, wenn er schon eine neue Beziehung hat. Häufiger ist dies der Mann; vor allem wieder dann, wenn die Frau über fünfunddreißig ist; bei Akademikerinnen liegt das Alter etwas höher, man kann sagen: über vierzig.

Manche Paare kommen in Therapie, um alles versucht zu haben, die Beziehung zu halten und sich bestätigen zu lassen, daß sie besser aufgelöst werden sollte. Fast alle Paare, die eine Paartherapie aufsuchen, haben auch schon an eine Trennung gedacht, zumindest schon einer der Partner.

Zu einer Trennung kann es unter anderem kommen, wenn die Equity nicht mehr im Gleichgewicht ist, wenn eine Kollusion dekompensiert oder aber wenn ein Partner oder beide Partner noch so stark an ihr Elternhaus gebunden sind, daß Valenzen für eine gemeinsame Beziehung nicht frei sind und das Maß an Selbständigkeit, das dafür erforderlich ist, nicht ausreicht.

Dies ist natürlich besonders oft der Fall, wenn eine feste Bindung als Mittel benutzt worden war, von zu Hause loszukommen, die Abhängigkeiten von zu Hause aber nicht aufgelöst, sondern schlicht auf den Partner übertragen wurden (vgl. *Reich* 1987).

Oft geraten dann die Kinder ins Spiel. Es wird mit Besuchsrechten und mit überzogenen Unterhaltsforderungen gearbeitet. Bezüglich der Unterhaltsforderungen sollte man darauf achten, ob nicht ein ehrgeiziger Anwalt die Forderungen hochtreibt, der es als eine Art Sport ansieht, für seine Klientin oder seinen Klienten möglichst viel herauszuschlagen.

Eine Trennung bewirkt nicht nur Trauer, sondern immer auch Kränkung, weil ein Unternehmen, das man sich vorgenommen hatte, gescheitert ist; sie bewirkt oft Schuldgefühle und nicht selten Depression - besonders dann, wenn von vornherein eine Neigung dazu besteht, Aggressionen umzukehren und gegen sich selbst zu richten. Depression kann aber auch aus einem Gefühl der Hilflosigkeit entstehen: Man ist aus der bisherigen Lebensbahn geworfen und kann sich noch gar nicht vorstellen, wie es gehen soll, allein weiterzuleben. In diesem Zusammenhang kann nicht genug betont werden, daß die Situation desjenigen, der schon einen neuen Partner hat, sich grundlegend von der Situation dessen unterscheidet, der allein bleibt.

Die ganze Skala möglicher, im Laufe der Entwicklung angelegter Konflikte kann bei einer solchen Trennung aktiviert werden. Das narzißtische Gleichgewicht wird gestört, es treten Ängste auf, wenn nicht materiell, so doch emotional zu verhungern, außer Kontrolle zu geraten und zu versumpfen. Ein Gefühl völliger Machtlosigkeit tritt auf; man ist allem ausgeliefert, und als Mann oder Frau ist man ohnehin nichts mehr wert.

Ist die Verbindung mit dem, von dem man sich jetzt trennt, vorher als ein ödipaler Triumph über Vater oder Mutter erlebt worden, kommt es zu besonders starken Erschütterungen des Selbstwertgefühls. Ist jemand im ödipalen Konflikt eindeutig unterlegen, ohne sich dann mit dem Elternteil, der stärker war, identifizieren zu können, weil die Beziehung zu schlecht war, werden Haß- und Rachegefühle aktiviert, die schon in der ödipalen Phase erlebt wurden.

Wer sich trennt, hat Schuldgefühle und macht sich Vorwürfe; diese Schuldgefühle können dadurch vermindert werden, daß man den Partner entwertet und ganz allgemein nach Gründen sucht, warum es richtig gewesen sei, ihn zu verlassen. Nach einem langen Ehekonflikt können Trennungen aber auch als große Erleichterung erlebt werden.

Wenn während einer Einzel- oder Gruppentherapie ein potentieller neuer Partner auftaucht - in Paartherapien ist das seltener, vielleicht deshalb, weil sich keiner der Partner in den Augen des Therapeuten ins Unrecht setzen will - ist es wichtig zu überlegen, ob hier Übertragung abgespalten wird, was zur neurotischen Partnerwahl führen könnte, die ihren Sinn verliert, wenn die Übertragung dann innerhalb der Analyse durchgearbeitet ist. Wenn das nicht gelingt, kann die neue Beziehung weiterbestehen. Sie hat eine schlechte Prognose, wenn die Wahl auf Verkennungen beruht.

Eine schwierige Situation entsteht, wenn es sich für den Partner, der sich in Einzel- oder Gruppentherapie befindet, herausstellt, daß seine Dauerbeziehung neurotisch begründet war und nicht genug Gemeinsamkeit übrigbleibt, um die Beziehung zu halten und ihre Fortsetzung sinnvoll erscheinen zu lassen. Der Partner, der sich nicht in Therapie befindet, kann dann sehr verletzt werden und nicht begreifen, was ihm geschieht, weil er ja keinen Einblick in die neurotischen Anteile *seiner* Partnerwahl bekommen hat. Versucht der Partner, ihm das nahezubringen, hat er meist keinen Erfolg, weil ein Partner sich als Psychotherapeut besonders schlecht eignet: Die persönliche Uneigennützigkeit der professionellen Rolle fehlt. Während der Therapeut sich - hoffentlich - darauf beschränkt, Freude an seiner Arbeit zu haben und Geld zu verdienen, werden Deutungen von seiten des Partners meist als Machtmittel empfunden und sind es oft auch.

Manchmal stellt sich heraus, daß die Partnerwahl zwar für den Entwicklungsstand zur Zeit der Partnerwahl richtig war, daß die Therapie aber soviel Emotionalität freigesetzt hat, daß der bisherige Partner den erweiterten Ansprüchen nicht genügen kann und überfordert ist. In dieser Situation reagiert der Partner dann gekränkt, verzweifelt oder schlicht wütend.

Man kann die Situation auch von der Equity-Theorie her betrachten. Eine erfolgreich verlaufene Therapie bewirkt oft eine Störung der Equity. Selbst wenn der Patient, der sich in Einzeltherapie befindet, die Beziehung zu seinem Partner aufrechterhalten möchte, gelingt ihm das oft nicht; entweder weil der Partner ihn so, wie er war, lieber hatte (zum Beispiel angepaßter), oder weil der Partner merkt, daß der Patient Lebensmöglichkeiten hinzugewinnt und jetzt mehr geben kann als der Partner, der sich nicht in Therapie befindet. In dieser für viele Menschen unerträglichen Situation versucht dann der Partner, der weniger bieten kann, das, was der andere bieten kann, herabzusetzen. Manchmal werden die Fortschritte in der Analyse attackiert, manchmal erfolgt der Angriff aber auch in ganz anderen Bereichen, zum Beispiel im Bereich des beruflichen Erfolges, auch wenn der durch die Analyse nicht wesentlich verstärkt wurde; das Ziel ist dabei, Equity wiederherzustellen, und welche Gewichte von der Waagschale genommen werden, ist relativ gleichgültig.

Bei anderen Patienten wieder führt die Krise, in die der Partner gerät, dazu, daß auch er eine Therapie aufsucht; und schließlich gelingt es manchen Partnern, mit dem Patienten, der sich in Therapie befindet, mitzuwachsen oder aber in anderen Bereichen Positives zu entwickeln, das in die eigene Waagschale getan werden kann. Es ist ja nicht so, daß jede längerdauernde Therapie zu einer Scheidung oder Trennung führt. Man kann sich aber nicht damit beruhigen, daß solche Trennungen, wenn sie vorkommen, ausschließlich etwas damit zu tun haben, daß sich die Ehe eben als nicht ausreichend fundiert herausgestellt hat. Manchmal ist es vielleicht besser, wenn eine Ehe weiterbesteht, die nicht ausreichend fundiert ist; vor allem ist das zu überlegen, wenn Kinder da sind. Umgekehrt werden wohl zu viele Ehen der Kinder wegen erhalten. Eine klare Trennung kann für die Kinder auch oft das kleinere Übel sein.

Dauerbeziehungen können aber durchaus bestehen bleiben, obwohl der Patient große persönliche Fortschritte macht. Was die Partner zueinander passen ließ, bleibt bestehen, dazu kommt noch eine gemeinsame Lebensgeschichte, die durch Verstärkung der Familiarität durch den realen Umgang miteinander die Beziehung stabilisiert. Die neu hinzugewonnenen Möglichkeiten machen den therapierten Partner vielleicht attraktiver. Gerade deshalb kann jedoch über eine Störung der Equity ein Konflikt ausbrechen, der schließlich zu einer Trennung führt.

Wenn sich eine übertragungsbedingte Störung der Paarbeziehung in einer Einzeltherapie abzeichnet, kann es manchmal angezeigt sein, die Behandlung zumindest zeitweise in eine Paartherapie zu überführen, weil sich derartige Komplikationen im dyadischen Setting nicht immer ausreichend bearbeiten lassen. In Störungen der paardynamischen Equity ist der Therapeut in solchen Fällen fast immer involviert. Durch Übertragungsspaltung, projektive Identifikation und Projektion stellen sich *beide* Partner auf die durch die Therapie veränderte Situation ein, wobei der abwesende Partner in einer besonders ungünstigen Situation ist, weil er den Therapeuten in der Regel nicht kennt und seine Übertragung auf ihn, der durch Gespräche des Ehepaares miteinander auch für den nicht Therapierten zu einem relevanten Objekt geworden ist, nicht bearbeiten kann. So stabilisieren sich dann oft beide Partner, ohne es zu merken, wechselseitig in der neuen Konstellation, die eine für die Paarbeziehung unzuträgliche *Inequity* beinhaltet.

Solche psychosozialen Kompromisse im Dreieck: Patient -Therapeut - abwesender Partner bewirken oft, daß der abwesende Partner eigene Ressourcen zur Weiterentwicklung und zur Wiederherstellung eines neuen Gleichgewichtszustands nicht ausreichend nutzen kann. Oft reichen hier einige wenige paartherapeutische Interventionen, die es dem bisher abwesenden Partner ermöglichen, eine auf den vorher unbekannten Therapeuten entwickelte Übertragung zu korrigieren, und die es dem in Therapie befindlichen Partner ermöglichen, Übertragungsspaltungen aufzugeben. Zu beachten ist hierbei, daß der bislang abwesende Partner in der Regel durch die unvertraute Situation stärker geängstigt ist und oft befürchtet, der Therapeut sei ein ausschließlicher Bundesgenosse des Patienten in Einzeltherapie. Dieser wiederum befürchtet nicht selten, einen Bundesgenossen zu verlieren, den Therapeuten jetzt teilen zu müssen. Er kommt aus einer Einzelkind- in die Geschwisterposition. Diese Störung der bisherigen Übertragungskonstellation, die oft als Argument gegen einen solchen Settingwechsel ins Feld geführt wird, beinhaltet jedoch auch eine Chance zur Weiterentwicklung. Sie löst zwar oft eine vorübergehende Depression aus, wie bei Kindern bei der Geburt eines Geschwisters, und labilisiert damit. Diese Labilisierung kann jedoch einen inneren Umstrukturierungsprozeß begünstigen.

Obwohl unsere ersten Erfahrungen mit solchen paartherapeutischen Interventionen bei Einzeltherapien, in denen übertragungsbedingte Störungen der Paarbeziehung eintreten, günstig sind, lassen sich die Vor- und die Nachteile eines solchen Vorgehens noch nicht abschließend beurteilen. Dafür liegen noch nicht genug empirische Erfahrungen auch von verschiedenen Therapeuten vor.

Partnerwahl nach dem Scheitern einer Beziehung

Trennt man sich, weil die Beziehung gescheitert ist, können die schlechten Erfahrungen mit dem eigenen Mann oder der eigenen Frau auf alle Männer oder Frauen generalisiert werden, was eine frühe erneute Partnerwahl verhindert. Manchmal werden dann Beziehungen eingegangen, bei denen von vornherein klar ist, daß sie nicht von Dauer sein können, wobei das Verlassen des jeweiligen Partners Racheaspekte haben kann.

Häufig wird bei einer Beziehung, die im Laufe einer Therapie auseinandergeht, der eigene Anteil am Scheitern der Beziehung erkannt. Wenn dieser eigene Anteil aber nicht erkannt wird, kann das dazu führen, daß eigene Ansprüche an eine Beziehung, die man im Konflikt mit dem Partner "mit Zähnen und Klauen" verteidigt hat, nie ermäßigt, sondern eher noch gesteigert werden, was die Prognose einer neuen Beziehung natürlich verschlechtert.

Die neue Partnerwahl kann durch das gleiche Objekt bestimmt sein wie vorher, nur daß bestimmte Eigenschaften noch wichtiger genommen werden; es können andere Aspekte des gleichen Objekts wichtig werden, oder es kann für die Partnerwahl ein anderes Objekt in den Vordergrund treten, zum Beispiel nicht mehr der Vater, sondern ein Bruder, ein Onkel, ein Großvater, nicht mehr die Mutter, sondern eine Schwester oder eine Tante, gelegentlich auch eine Großmutter. Das gewünschte Objekt kann erregende Qualitäten besitzen, es können aber auch versorgende, behütende und auch tolerante Verhaltensweisen und Verhaltensdispositionen im Vordergrund stehen. Da sich die Verteilung der Bedürfnisse nach Neuem, Erregendem einerseits und Vertrautem, Familiärem andererseits im Laufe des Lebens verändert, treten, wenn keine Fixierungen vorliegen, in verschiedenen Lebensabschnitten unterschiedliche Objekte in den Vordergrund der Beziehungserwartungen.

Psychotherapeuten empfehlen nach einer Trennung meist, die Beziehung "aufzuarbeiten", damit in einer neuen Beziehung nicht die gleichen Fehler gemacht werden wie in der alten, was natürlich auch schon für die Partnerwahl gilt. Da es Psychotherapeuten überwiegend mit neurotischen Patienten zu tun haben, bei denen erhebliche Fixierungen vorliegen, ist das auch sinnvoll.

Daneben besteht aber die Gefahr, daß andere Fehler gemacht werden, die auf den ersten Blick mit dem, was in der vorangegangenen Beziehung mißlungen ist, nicht zusammenhängen. So kann sich der neue Partner scheinbar grundlegend vom alten unterscheiden; manchmal zeigt er Eigenschaften, die vermißt worden waren, in besonders ausgeprägtem Maße. Wer bestimmte Verhaltensweisen in besonders ausgeprägtem Maße zeigt, verhält sich aber oft so, um gerade das Gegenteil abzuwehren. In einer länger dauernden Beziehung kann dann das Ursprüngliche an die Oberfläche kommen oder sich indirekt äußern; jedenfalls wird am Ende dann wieder eine ähnliche Konstellation vorherrschen wie in der vorangegangenen Beziehung.

Wenn bei der Objektwahl von einem die Wahl bestimmenden Objekt auf ein anderes ausgewichen wird, kann das nunmehr bestimmende Objekt Ersatzcharakter haben: Es ist doch nicht das Eigentliche, es ist das Zweitbeste, und eine Sehnsucht nach einem Objekt bleibt bestehen, das demjenigen gleicht, das die erste Partnerwahl bestimmt hat. Daraus resultiert dann eine Unzufriedenheit in der Beziehung.

Die neue Partnerwahl kann aber auch progressive Züge tragen - nicht nur dann, wenn eine Psychotherapie die Erwartungen verändert hat, sondern zum Beispiel auch dann, wenn die erste Partnerwahl in einem Entwicklungsstadium erfolgte, das inzwischen verlassen worden ist. Das gilt natürlich vor allem für Partnerwahlen in der Adoleszenz (siehe S. 61ff).

Eine neue Partnerwahl kann auch dann besser gelingen, wenn eine Beziehung, die als Probierbeziehung oder als Begegnung aufgefaßt wurde, wegen einer Schwangerschaft zu einer Dauerbeziehung gemacht worden ist. Sicher gibt es viele Fälle, in denen eine solche Beziehung stabil bleibt, weil sich im Miteinanderleben genug Gemeinsamkeit entwickeln konnte und die Partner genug Flexibilität hatten, sich in der Beziehung zum Partner zu verändern, wozu gehört, daß sich das Selbstkonzept, aber auch die Vorstellungen und Erwartungen an den Partner, etwa von der Geschlechtsrolle von Männern und Frauen, verändern, oder Wertvorstellungen, die auf Schichtunterschieden beruhen, modifiziert worden sind. Es kann auch durchaus sein, daß eine Beziehung, die nur als Begegnung oder als Probierbeziehung aufgefaßt wurde, die Voraussetzung für eine Dauerbeziehung von vornherein in sich trug, vor allem dann, wenn äußere Umstände primär verhinderten, daß an eine Dauerbeziehung gedacht wurde, zum Beispiel wenn sich ein Partner oder beide Partner in Ausbildung befanden, oder Diskrepanzen in einem bestimmten Bereich, zum Beispiel im Bereich der Vorstellungen von Normen und Werten, zunächst von den Primärfamilien beeinflußt wurden, später mehr von der Bezugsgruppe der Gleichaltrigen, während vieles andere von vornherein "stimmte".

Die Prognose für die zweite Partnerschaft kann auch dann günstig sein, wenn die erste Partnerschaft deshalb auseinanderging, weil bestimmte Bedürfnisse außerhalb der Beziehung nicht mehr befriedigt werden konnten, zum Beispiel Bedürfnisse nach einer Mutter oder einem Vater außerhalb der Beziehung, und die Bedürfnisse dann in die Beziehung verlagert wurden. Dann kann es gelingen, eine neue Beziehung einzugehen, in der die ursprünglichen Voraussetzungen der ersten Beziehung wieder gegeben sind und möglicherweise viele Jahre lang anhalten, wenn nicht ein Leben lang. So kann ein Bedürfnis eines Arztes nach "Bemutterung", das Schwestern während seiner Assistentenzeit auf einer Station befriedigten, nach einer Beförderung zum Oberarzt frustriert werden. Nehmen wir an, der Arzt habe eine Frau gehabt, die wenig Tendenz zeigte, ihn zu bemuttern. Dann kann seine Partnerbeziehung nach der Beförderung in eine Krise geraten, wenn er diese Bedürfnisse jetzt stärker in der Ehe befriedigt haben will, wozu die Partnerin aber nicht paßt. Diese Krise kann zur Trennung führen.

Nehmen wir weiter an, daß sich dieser Oberarzt dann niederläßt und Arzthelferinnen einstellt, die ihn wieder ein wenig bemuttern. Dann wird, weil das Bedürfnis nach Bemutterung abgedeckt ist, eine neue Partnerwahl stärker von anderen Objekten determiniert sein und weniger von der Mutter. Diese neue Beziehung kann dann sehr stabil sein.

Gut ist die Prognose einer zweiten Beziehung oft, wenn die erste deshalb auseinandergegangen ist, weil Equity-Probleme auftraten, die das Paar nicht bewältigen konnte; sei es durch den sozialen Aufstieg des Mannes, seltener der Frau, sei es durch das Altern besonders der Frau in einer Beziehung, die stark auf äußere Attraktivität gegründet war. Im Fall des sozialen Aufstieges kann eine nunmehr "adäquate" Partnerin oder ein nunmehr "adäquater" Partner gesucht und gefunden werden; die neue Beziehung wird dann aber oft durch Schuldgefühle belastet, weil die erste Partnerin oder der erste Partner im Stich gelassen wurde. Diese Schuldgefühle treten dann weniger auf, wenn der Partner, der weniger zu bieten hatte, den anderen entwertete, so daß dieser aggressiv reagierte.

Geht ein Mann einer gealterten Frau eine Beziehung zu einer viel jüngeren ein, kann das lange gutgehen; später besteht allerdings die Gefahr einer erneuten Dekompensation der Equity, nämlich dann, wenn der ältere Mann wirklich alt wird.

Wurde die Equity durch die Psychotherapie eines der Partner gestört, in deren Verlauf er sich entwickelte, ohne daß der andere nachkam, kann eine zweite Beziehung eine gute Prognose haben, allerdings auf Kosten der Partnerin oder des Partners, von denen sich der Psychotherapiepatient getrennt hat und der oder die mit einem Gefühl der Insuffizienz zurückbleibt. Auf diese Problematik wird im Kapitel *Paartherapie* noch weiter eingegangen.

Partnerwahl nach dem Tod eines Partners

Stirbt ein Partner, wenn der andere die Beziehung fortsetzen wollte, weil er mit ihr zufrieden war, sollte Trauerarbeit geleistet werden, ehe es zu einer neuen Partnerwahl kommt. Trauerarbeit wird manchmal vermieden, wenn die Abhängigkeit vom Partner groß war und ein ersetzendes Objekt dringend benötigt wird - das gilt besonders für orale, phobische und zwanghafte Kollusionen, also immer dann, wenn der Partner Funktionen übernommen hatte, die der Zurückgebliebene selbst nicht zur Verfügung hatte: näherende Funktionen bei der oralen Kollusion, vor Willkür schützende bei der phobischen und analen und auch bei der hysterisch-zwanghaften Kollusion, also dann, wenn nicht die latente, sondern die manifeste Willkür des Hysterischen durch den Zwanghaften begrenzt worden war. Aber auch bei jeder anderen Form der Kollusion kann der Partner gleichsam als Ergänzung des Selbst, dem bestimmte Möglichkeiten der Lebensbewältigung fehlen, unentbehrlich sein, so daß dann übereilt eine neue Beziehung eingegangen wird. Bei der oralen Kollusion findet sich statt Trauerarbeit oft Depression; es besteht neben der Gefahr einer übereilten neuen Bindung auch die Gefahr des Ausweichens in orale Befriedigungsformen, die ohne einen Partner zur Verfügung stehen, zum Beispiel Alkohol oder übermäßiges Essen. Hat die Sexualität starke orale Konnotationen im Sinne des Ernährt- und Gefülltwerdens, kann es zu einem Ausweichen in sexuelle Tagträume und damit verbundene Masturbation mit entsprechenden Phantasien kommen. Ebenso wie in der Realität kann Sexualität in der Phantasie, wenn ein Partner phantasiert wird, das Gefühl des Alleinseins mildern oder zeitweise aufheben.

Manche alleingelassenen Partner schließen sich einer Gruppe an, die als Partnerersatz fungiert, zum Beispiel im kirchlichen, sozialen oder politischen Bereich.

Männer wie Frauen stürzen sich in die Arbeit, wenn nicht eine depressive Verstimmung sie daran hindert; Arbeit ist aber auch geeignet, depressive Verstimmungen abzuwehren, zu denen

Initiativelosigkeit gehört - man bleibt in Bewegung. An den Wochenenden, wenn äußere Anforderungen fehlen, versinken die Alleingelassenen aber oft in gelähmte quälende Passivität.

Wenn ein Partner gestorben ist, kann ein neuer Partner dem alten ähnlich gewünscht werden, wobei der alte aber idealisiert wird, weil mit zunehmendem Abstand die Negativseiten der Beziehung verblassen und vorher schon negative Affekte gegenüber dem verlorenen Objekt geblockt werden; de mortuis nil nisi bene (über Verstorbene nur Gutes). Die lateinische Sentenz stellt eine soziale Forderung dar, die ein innerpsychisches Äquivalent im Sinne einer Über-Ich-Forderung hat.

Die Wahl eines Partners, der dem Verstorbenen ähnelt, kann aber auch vermieden werden, weil dadurch das innere Bild des Verstorbenen "ausgelöscht" werden könnte. Man hat sich vom Verstorbenen noch nicht eigentlich getrennt und möchte ihn neben dem neuen Partner behalten.

Beginnt eine Paarbeziehung zu dekompensieren, machen sich die Partner oft noch sehr differenzierte Gedanken über die Motive des jeweils anderen. Wenn sie ihren Partner schildern, gleicht er eher den Gestalten in einem Roman von *Simenon*, als guten oder bösen Märchen- oder Comic Strip-Figuren. *Simenon* bemühte sich bekanntlich, Motive von Menschen zu ergründen, die sich etwas zuschulden kommen ließen. Mit zunehmender Dekompensation unterliegen die Motive, die man dem anderen zuschreibt, einem Entdifferenzierungsprozeß, es sei denn, daß der zunehmende Haß auf den Partner gegen das eigene Selbst gerichtet ist, wie wir das bei depressiv strukturierten Menschen finden. Zuletzt wirkt der jeweils andere holzschnittartig, und unwillkürlich wird man sich fragen: Kann ein Mensch denn so sein?

In Paartherapien hat man oft auch Gelegenheit, eskalierende Kreisprozesse im Hier und Jetzt zu beobachten, wenn sich eine Interaktion "aufschaukelt". Der eine Partner gibt dem anderen Anlaß, auf ihn böse zu sein. Damit reduziert er beim anderen die Wahrnehmung dessen, was dieser sonst positiv eingeschätzt hat. Es ist auch möglich, daß bisher positiv Eingeschätztes uminterpretiert wird: "Das macht er doch nur, weil...". Die negativere Wahrnehmung beeinflußt die Reaktion auf den anderen, was diesen wiederum dazu bringt, aggressiver zu reagieren. Wenn solche Kreisprozesse über Wochen und Monate, ja sogar Jahre ablaufen, wird das Bild des anderen immer mehr zur Karikatur, die Unsympathisches betont und Sympathisches fortläßt.

Paare, die gemeinsam in eine Paartherapie kommen, haben immer auch schon daran gedacht, sich zu trennen; der Wunsch zusammenzubleiben kann aber mehr oder weniger ausgeprägt sein. Ausnahmen sind solche Fälle, in denen ein Paar eine Therapie machen möchte, um alles versucht zu haben, letztlich aber mit dem Wunsch, daraus die Legitimation zu beziehen, sich doch zu trennen.

Eine gescheiterte Beziehung bedeutet nicht nur verlorenes Leben und verlorene Lebenszeit, sondern oft auch eine Konfrontation mit den eigenen Illusionen als Illusionen. Sie bedeutet das Scheitern eines Lebensplanes, der von Anfang an unrealistisch, aber auch realistisch gewesen sein kann. Was unsere Lebenspläne betrifft, geht es vielen, vielleicht den meisten Menschen so wie dem Autor, der ein Buch geschrieben hat, das dann verfilmt worden ist. Der Film zeigt mehr Realität, ist konkreter, der Phantasie bleibt weniger Raum.

Mehr als Männer hassen Frauen nicht nur ihrer selbst wegen, sondern auch ihrer Kinder wegen, wenn den Kindern günstige Entwicklungsmöglichkeiten entzogen wurden, wie sie eine intakte Familie bieten kann.

An anderer Stelle des Buches (S. 134f) wird dargelegt, daß fast alle Ehekonflikte schließlich in eine Kampfehe münden, was immer die Basis der Beziehung gewesen sein mag. Solche Kampfehen sind von sadomasochistischen Interaktionen zu unterscheiden. Bei der Kampfehe als dem Ergebnis eines Konfliktes auf einer anderen Ebene der Kollusion als der sadomasochistischen fehlt der Befriedigungscharakter des sadomasochistischen Interagierens. Eine Kampfehe ist mühsam, stressig, zehrt an der Substanz, während in einer sadomasochistischen Beziehung die "Substanz" nicht aufgebraucht werden muß. Solche Ehen sind im Gegenteil oft sehr stabil. In dem Theaterstück von *Albee* (1964) "Wer hat Angst vor Virginia Woolf?" wird gezeigt, wie eine solche Beziehung am Ende doch erhalten bleibt trotz aller Verletzungen, die sich die Partner zufügen.

Zum Haß führt oft auch eine Partnerwahl als Buße. Einer der Partner wollte in der eigenen Familie etwas wiedergutmachen, kann das aber nicht an den realen Mitgliedern der Familie tun, weil sie zum Feind geworden sind; die Wiedergutmachungstendenzen bleiben unbewußt. Es wird dann ein Partner gewählt, bei dem man seine Schuld abtragen möchte, eine Schuld, die ihm gegenüber nicht besteht. Spielt der Partner nicht mit, akzeptiert er also die Wiedergutmachung nicht, kann das als Zurückweisung empfunden werden. Der Partner wird dann unter Umständen zum Repräsentanten des Feindes Familie, die eine Wiedergutmachung auch nicht akzeptiert hat. Solche Partnerwahlen sind von einer Wahl zu unterscheiden, die aufgrund einer ödipalen Rettungsphantasie zustande kommt. Bei einer solchen Phantasie geht es letztlich darum, besser zu sein als andere Männer oder andere Frauen und sich dadurch als ein attraktiver Partner darzustellen.

Auch Mißverständnisse führen zu Haß. So ist es ein Mißverständnis, daß man durch Leistung Liebe bewirken kann.

Leistung bewirkt Bewunderung oder Dankbarkeit, nicht aber Liebe. Es gelingt nicht, Liebe zu erreichen, indem man sich aufopfert, wenn man selbst nicht liebenswert ist. Beruflicher Erfolg macht Männer für viele Frauen attraktiver, aber nicht unbedingt liebenswerter. Umgekehrt kann mangelnde Leistung aber verhindern, daß Liebe erhalten bleibt.

Ein anderes Mißverständnis beruht auf der Verwechslung von Anerkennung oder Bewunderung mit Liebe. Anerkennung und Bewunderung sind davon abhängig, ob etwas Anerkennendes oder Bewundernswertes vorhanden ist; Liebe kann unabhängig davon bestehen bleiben.

Wenn die Beziehung sonst gut ist, kann eine Kränkung verziehen werden; der Gekränkte kann aber einen Partner auch mehr hassen, als wenn ein Fremder ihn gekränkt hätte, weil Liebe durch kränkende Aggression in Frage gestellt wird.

Wollen wir als Therapeuten erkennen, ob und wie eine Versöhnung zwischen Partnern möglich ist, müssen wir etwas über die Ursachen des Hasses wissen. Wir sollten auch verstehen, welche Funktionen Haß in einer Beziehung haben kann. Haß kann von Schuldgefühlen entlasten und eine Trennung erleichtern. Wer Eigenes im anderen haßt, entlastet sich dadurch selbst, und auch deshalb braucht man sich nicht darüber zu wundern, daß Paarbeziehungen, in denen bei der Partnerwahl die innere Konfliktentlastung eine große Rolle gespielt hat, häufig schwer wieder zu rekompensieren sind, wenn die Partner keine Möglichkeit haben, ihre Entlastungsbedürfnisse anders zu befriedigen. Dieses Verständnis wäre den Partnern zu vermitteln, oder bei einer Einzel- oder Gruppentherapie jenem Partner, der sich in Therapie befindet.

Haß gehört zu den Gefühlen, bei denen die Diskrepanz zwischen dem, was gefühlt und dem, was ausgedrückt wird,oft groß ist. Gerade in Paartherapien verhält sich der Hassende, oder wenn beide hassen, verhalten sich beide meist sehr bedeckt. Haß wird in Einzel- oder Gruppentherapien viel direkter ausgedrückt. In der ersten Paarkonsultation deckt oft überaus vernünftiges Verhalten sehr destruktiven Haß zu, der die Beziehung viel mehr bestimmt, als es zunächst scheint. Gerade bei einer Erstkonsultation wünschen oft beide Partner den Therapeuten als Bundesgenossen zu gewinnen. Sie fürchten, daß Haß sie unsympathisch machen könnte. Die Erfahrungen in Einzeltherapien, in denen jemand über den Partner berichtet, ohne daß dieser anwesend ist, sind für das Verständnis von Paaren in einer Paartherapie sehr wichtig. Aus Einzeltherapien und auch aus Gruppentherapien erhält der Therapeut Informationen über Paarbeziehungen, die ihm vorenthalten blieben, wenn er immer nur Paartherapie betriebe.

In Paartherapien mit hassenden Paaren muß der Therapeut oft sehr direktiv eingreifen, zum Beispiel eine Eskalation unterbrechen, damit die Kommunikation in einem Bereich bleiben kann, in dem Verständigung noch möglich ist. Paare in einer Haßbeziehung sind oft in einem sehr engen Interaktionsbereich gefangen. Die gleichen Anwürfe und Vorwürfe werden immer wiederholt. Man hat den Eindruck, hier würde eine Schallplatte abgespielt, bei der sich die Nadel in einer Rille verfangen hat. Gelingt es, beide Partner aus ihrer Rille herauszubringen, erschließt das neue Interaktionswege, die vorher unzugänglich waren.

Zum Neid gehören zwei Personen, zur Eifersucht drei. Man beneidet einen anderen um etwas, was er hat: Fähigkeiten, soziale Position, Geld, Jugend, Reife, daß er ein Mann ist, daß sie eine Frau ist, und die entsprechenden Vorteile hat. Der sogenannte Penisneid kommt wohl überwiegend bei Frauen vor, die mit dem Vater identifiziert sind und auch die Anatomie des Vaters haben möchten (*König* 1991); sicher ist der Penis auch ein Symbol für die in vieler Hinsicht günstigere Stellung des Mannes in der Gesellschaft.

Damit Eifersucht entstehen kann, braucht es mindestens eine dritte Person, auf die man eifersüchtig ist. Das kann eine andere Frau oder ein anderer Mann sein, eine Freundin der Frau oder ein Freund des Mannes, der Schwiegervater oder die Schwiegermutter; es kann ein Kind oder es können die Kinder sein. Ein Frau kann eifersüchtig auf Personen sein, mit denen der Mann beruflich umgeht, viel Zeit verbringt, die ihn anregen und mit denen er sich versteht; der Mann ist häufiger auf die Kinder eifersüchtig, aber zum Beispiel auch auf den Chef der Frau, wenn die Frau berufstätig ist.

Neid und Eifersucht können begründet oder unbegründet sein. Es gibt einen gesunden Neid: Man möchte etwas haben, was der andere auch hat und was man erwerben könnte. Von unproduktivem Neid läßt sich dann sprechen, wenn man das, worum man den anderen beneidet, nie bekommen kann. Destruktiver Neid liegt dann vor, wenn man das, was der andere hat, zerstören möchte, statt es selbst in Besitz nehmen zu wollen. Auch das, was hier als gesunder Neid bezeichnet wird, kann Ausmaße annehmen, die pathologisch sind. So kann jemand etwas, was ein anderer hat, um jeden Preis haben wollen, oft dann, wenn Phantasien damit verknüpft sind, es handele sich um etwas ganz besonders Wichtiges. Das ist meist dadurch begründet, daß der begehrte Gegenstand, die begehrte soziale Position oder die begehrten Eigenschaften einen Symbolwert haben, also auch noch für etwas anderes, Bedeutsameres stehen. Zum Beispiel kann die soziale Position des Vaters für seinen Penis stehen, und der Penis für seine soziale Position. Beneidet wird er oft nur um das eine oder das andere, daß gleichzeitig um zweierlei beneidet wird, bleibt unbewußt.

Daß es pathologische Eifersucht gibt, gehört zum Alltagswissen. Man spricht ja auch von krankhafter Eifersucht. Krankhafte Eifersucht eines Mannes kann die reaktive Verarbeitung eines homosexuellen Wunsches sein: mit dem Mann, auf den er eifersüchtig ist, sexuellen Kontakt zu haben, und sei es auf dem Umweg über die Frau als eine Art Zwischenträger. Eine schöne Fallbeschreibung findet sich bei *Michael Balint, Enid Balint* und *Ornstein* (1973). Eine analoge Motivation findet sich bei Frauen wohl seltener, vielleicht deshalb, weil homosexuelle Triebwünsche bei Frauen doch weniger tabuisiert sind.

Eine starke Disposition zur Eifersucht kann mit einem schlechten Selbstwertgefühl zusammenhängen: Jede andere Frau oder jeder andere Mann erscheint als jemand, der einem selbst vorgezogen werden kann. Bekannt ist auch die Eifersucht impotenter Männer. Frauen, die nicht in der Lage sind, Sexualität voll zu *erleben*, sind seltener eifersüchtig, weil sie einen Koitus *zulassen* und den Mann so, wenn auch nicht ganz, befriedigen können. Die Gefahr, daß ein Mann sich eine andere Partnerin sucht, erscheint diesen Frauen geringer als den Männern mit einer Erektionsstörung, die einen Koitus nicht *vollziehen* können. Hier hat das gestörte Selbstwertgefühl eine reale Basis: Wenn man keine Sexualität bieten kann, ist man als Partner nur begrenzt attraktiv, und die Frau sucht sich vielleicht einen anderen.

Wegen Eifersucht kommen wohl häufiger Frauen zur Psychotherapie. Wahrscheinlich spielt es eine Rolle, daß die Partnerbeziehung für Frauen eine größere Bedeutung hat als für Männer und sie deshalb auch daran interessierter sind. *K. König* hält seit vielen Jahren eine Vorlesung über Paarbeziehungen. Es kommen zu 80% Studentinnen.

In einer Beziehung, die stark nach dem Elternteil/Kind-Muster strukturiert ist, kann die starke Abhängigkeit des Partners, der sich in der Kind-Rolle befindet, vom Partner, der sich in der Elternteil-Rolle befindet, zur Eifersucht führen: Die Gefahr, ihn zu verlieren, wird als besonders groß erlebt. Trägt die Kind/Elternteil-Beziehung adoleszente Züge, kann der Partner, der sich in der Rolle des "Jugendlichen" befindet, Nebenbeziehungen außer Haus anstreben, wie Jugendliche das tun, um sich von den Eltern zu lösen, während der Elternteil-Partner in große

Besorgnis geraten und den Jugendlichen-Partner eifersüchtig kontrollieren und überwachen wird, wie das Vätern und Müttern in der Adoleszenz ihrer Kinder vorkommen kann.

Allerdings genügt die Diagnose "Elternteil/Kind-Beziehung" noch nicht, um die Konsequenzen einer solchen Rollenverteilung ableiten zu können. Befindet sich der eine Partner in der Rolle eines ganz kleinen Kindes, das für sich selbst noch nicht existieren kann, und der andere in der entsprechenden Elternteil-, meist Mutter-Position, kann der "erwachsene" Partner einen auffälligen Mangel an Eifersucht zeigen: Er kann es sich eben nicht vorstellen, daß diese abhängige Person in ihrer Kind-Rolle Beziehungen außerhalb der Dyade suchen würde. Er oder sie ist doch so auf sie oder ihn angewiesen. So sagte uns eine Patientin, die sich ihrem herzphobischen Mann verweigerte, "mit dem Kopf" könne sie einsehen, daß der Mann ja auch zu einer anderen Frau gehen könnte, vom Gefühl her erscheine ihr das aber ganz unmöglich. Der Mann befand sich in einer Kind-, die Frau in einer Mutter-Position. Eine solche Frau denkt vielleicht: "Hänschen klein" möchte zwar in die weite Welt hinaus, aber dann kommt er doch wieder zur Mutter zurück, ehe etwas passiert ist.

Auch ein übersteigertes Selbstvertrauen im Sinne eines durchgehaltenen Größenselbst kann einen auffälligen Mangel an Eifersucht bedingen. Wir haben das öfter bei Männern gefunden, vielleicht, weil zum Größenselbst des Mannes recht oft polygame Phantasien im Sinne von Haremsphantasien gehören; die Frauen sind sein Besitz und können aus dem Harem nicht entweichen. Zu den Größenphantasien von Frauen gehört eher, daß sie von vielen Männern bewundert und begehrt werden - weniger, daß sie einen Mann festhalten können.

Entdeckt ein solcher Mann die Untreue seiner Frau, kann das katastrophale Folgen haben. Unter unseren Patienten befand sich ein Mann, dem das zweimal passiert war. Er machte jedesmal einen ernsthaften Selbstmordversuch. Nach Beendigung einer stationären Therapie, an die er keine ambulante Weiterbehandlung angeschlossen hatte, weil er glaubte, die Dinge im Griff zu haben, passierte es ein drittes Mal. Diesmal hatte der Selbstmordversuch Erfolg.

Natürlich verstehen nicht alle Menschen unter pathologischer Eifersucht das gleiche. So können es manche Männer nicht verstehen, wenn ihre Frau auf ein "flüchtiges", "kleines" Abenteuer eifersüchtig wird, das mit der Beziehung zur Ehefrau doch eigentlich nichts zu tun habe. Vor allem Männer mit zwanghafter Charakterstruktur, die über den Abwehrmechanismus der Isolierung aus dem Zusammenhang in hohem Maße verfügen, weisen die verschiedenen Beziehungen verschiedenen "Fächern" zu, die verschiedene Inhalte haben und nicht miteinander in Verbindung stehen, auch emotional nicht. Eine Beziehung, die zwanghafte Männer als unbedeutend klassifizieren, hat für alle Menschen unbedeutend zu sein, weil sie ja überzeugt sind, alles "richtig" zu sehen. In Ehen, in denen die sexuelle Beziehung eingeschlafen ist, werden zwanghafte Männer ohne große Probleme eine Freundin "für die Sexualität" haben können und dabei der Meinung sein, daß sie ihrer Frau nichts wegnehmen. Sie sind dann überrascht, wenn die Frau eifersüchtig ist, weil sie sich eine Trennung zwischen Beziehung und Sexualität in diesem Ausmaß nicht vorstellen kann. Von den zwanghaften Männern sind die narzißtischen zu unterscheiden, die jede Beziehung instrumentalisieren. Zwanghafte Männer des beschriebenen Typs können durchaus eine emotionale Bindung an die Ehefrau haben und der anderen Frau, mit der sie Sexualität erleben, dafür wirklich dankbar sein.

Eifersucht kann sehr quälen - den, der sie empfindet, und den, den sie betrifft. Therapeutisch ist sie oft schwer zu beeinflussen. Die Konfrontation mit den Realitäten nützt meist wenig; allenfalls beruhigt sie für kurze Zeit. Die Ursachen für die Eifersucht sind nicht nur im Realen, sondern häufig auch im Unbewußten zu suchen.

Begibt sich der Eifersüchtige in eine Therapie, kann er sich über die Art der Beziehung zum Partner oft erst allmählich klar werden. Andererseits ist es für den anderen schwer, das Ergebnis einer Langzeittherapie des Partners abzuwarten, wenn Eifersucht eine große Rolle spielt, eben wegen ihrer quälenden Auswirkungen. Der oder die Eifersüchtige selbst ist eher bereit, eine Therapie durchzuhalten.

Die relativ günstigsten Möglichkeiten bestehen hier immer noch in einer Paartherapie. Da Eifersucht häufig mit paranoiden Tendenzen einhergeht, fördern alle anderen Verfahren als die Paartherapie die Entwicklung paranoider Befürchtungen beim abwesenden Partner oder der abwesenden Partnerin. Die Abwesenden bekommen es in solchen Fällen nicht nur mit dem Rivalen oder der Rivalin zu tun, sondern auch noch mit dem ihnen unbekannten Therapeuten, der in solchen Konstellationen oft als ausschließlicher Verbündeter des Patienten erlebt wird. Auch dann, wenn beide Partner sich in einzeltherapeutischer Behandlung befinden, entstehen bei Eifersuchtsproblemen häufig paranoid getönte Befürchtungen darüber, was der jeweils abwesende Partner in der parallelen Therapie über das quälende Eifersuchtsproblem bespricht und ob er vom Therapeuten oder, in einer Gruppentherapie, von den Gruppenmitgliedern möglicherweise darin unterstützt wird, die Beziehung mit dem Eifersüchtigen aufzukündigen. Aber auch, wenn eine Paartherapie in solchen Fällen durchgeführt wird, ist die Prognose oft nicht günstig. Sie ist umso ungünstiger, je stärker die Eifersucht paranoide Züge trägt.

Nicht jede Sexualstörung geht auf einen zugrunde liegenden Partnerkonflikt zurück, wie oft fälschlich geglaubt wird. Werden Ambivalenzkonflikte in der Beziehung zum Vater oder zur Mutter in die Beziehung eingebracht, können sie das sexuelle Zusammenleben stören. Aber auch das Inzesttabu kann aktiviert werden, wenn man in eine Wohnung zieht: Der Mann in der Wohnung ist dem Vater ähnlicher als ein Mann, mit dem man nicht zusammenwohnt. Die sexuelle Appetenz oder Funktion ist in solchen Fällen manchmal nur in der Beziehung zum Partner gestört, zu anderen Menschen außerhalb der Zweierbeziehung nicht. Ursache der Störung ist hierbei jedoch nicht immer eine konflikthafte Zweierbeziehung. Eine Aktivierung des Inzesttabus zum Beispiel ist nicht Folge eines Partnerkonflikts, sondern eine Funktion der Erfahrungen eines oder beider Partner vor Beginn der Partnerschaft, nämlich in der Ursprungsfamilie, wo es zu einer Fixierung an Vater oder Mutter gekommen ist. Die Sexualstörung kann dann sekundär allerdings zu Partnerkonflikten führen.

Die sexuelle Appetenz kann natürlich auch vermindert sein, wenn es in einem Partnerkonflikt zu einer reaktiven Depression gekommen ist, oder wenn Sexualität als Mittel des Machtkampfes verwendet wird. In diesem Zusammenhang ist es vielleicht interessant anzumerken, daß in Deutschland vorwiegend die Frau sexuell streikt. *K. König* war bei einem Besuch an der Tavistock-Klinik in London überrascht festzustellen, daß in England, zumindest in der Inanspruchnahmeklientel dieser Klinik, die streikenden Männer häufiger waren. Vielleicht hängt das damit zusammen, daß in England mit seinem Club- und Publeben eher die Männer darüber entscheiden, ob jemand als Mann gelten kann, während Männer in Deutschland von der Anerkennung der Frauen abhängiger sind und fürchten, die Frau könne an ihrer Potenz zweifeln, wenn sie sich verweigern.

Manche Schwierigkeiten im Bereich der Sexualität liegen auch heute noch einfach an mangelnder Information, auch in den sogenannten gebildeten Schichten. Wahrscheinlich hat das innere Gründe: Man nimmt Informationen nicht auf, die nicht zu den Vorstellungen passen, die man von zu Hause mitbekommen hat.

Der häufigste Informationsmangel von Frauen scheint zu sein, daß sie nicht wissen, in wie hohem Maße ein unterschiedliches Koitusverhalten von Frauen und Männer physiologisch mitbedingt ist. Männer haben bekanntlich eine Refraktärzeit nach dem Orgasmus, was es für sie unangenehm bis schmerzhaft macht, den Koitus fortzusetzen, während Frauen dies nach einem Orgasmus ohne weiteres können. Eine Refraktärphase wie beim Mann fehlt bei ihnen, und viele Frauen können auch mehrere Orgasmen hintereinander haben, wenn der Koitus nach dem Orgasmus der Frau fortgesetzt wird. Aus diesem Informationsmangel heraus halten Frauen einen Mann, der den Koitus nach der Ejaculation nicht fortsetzen will, für rücksichtslos.

Der häufigste Informationsmangel der Männer scheint darüber zu herrschen, daß in funktioneller Hinsicht die Lubrikation der Frau der Erektion des Mannes entspricht. Die Cowperschen Drüsen beim Mann, die Bartholinischen Drüsen bei der Frau sondern ein Sekret ab, das die Gleitfähigkeit erhöht. Bei der Frau gibt es aber zusätzlich die Transsudation in die Vagina. Fehlt die Transsudation bei einer Frau diesseits des Klimakteriums, ist die Frau sexuell nicht erregt. Kaum eine Frau würde von einem Mann erwarten, daß er den Koitus ausführt, ohne eine Erektion zu haben. Viele Männer erwarten aber von Frauen, daß ein Koitus möglich sein und zum Orgasmus führen soll, obwohl die Lubrikation bei der Immissio fehlt. Manchmal stellt sie sich im Verlauf des Koitus ein, in der Regel wird aber ein Erregungsniveau nicht erreicht, das einen Orgasmus auslösen könnte. Das Fehlen der Lubrikation kann den Koitus schmerzhaft machen. Es kommt dann zu vaginismusähnlichen Zuständen.

Der echte Vaginismus ist dadurch charakterisiert, daß die Lubrikation meist vorhanden ist: Die Frauen sind sexuell erregt, nur die Immissio ist nicht möglich. Wenn organische Ursachen ausgeschlossen sind, die einen Koitus trotz vorhandener Lubrikation schmerzhaft machen, liegt wahrscheinlich ein Vaginismus vor, der verhaltenstherapeutisch gut zu beeinflussen ist (vgl. *Kolodny, Masters, Johnson* 1979). Da er meist psychodynamische Ursachen hat, ist er auch durch analytische Psychotherapie zu behandeln. Am häufigsten haben wir gefunden, daß sich die Frau unbewußt wie ein kleines Mädchen phantasiert, dessen Vagina nicht größer ist als die eines ödipalen Kindes, so daß sie zum Beispiel auch keinen Menstruationstampon aufnehmen kann. Ein starker Mann mit einem mächtigen Phallus wird gewünscht - daher die sexuelle Erregung -, aber gleichzeitig gefürchtet - daher der Scheidenkrampf.

Der Vaginismus ist in der Regel nicht partnerspezifisch und deshalb auch nicht Folge eines Konflikts in der Beziehung, obwohl er natürlich beide Partner betrifft und Verhaltenstherapeuten mit Recht auch den Partner in die Therapie miteinbeziehen (vgl. *Kolodny*, *Masters*, *Johnson* 1979). Überhaupt kann man sagen, daß sexuelle Appetenzstörungen häufiger aus Konflikten in der Partnerschaft resultieren, seltener in die Partnerschaft mitgebracht werden, während eine Funktionsstörung in erster Linie etwas mit der Persönlichkeitsstruktur dessen zu tun hat, bei dem sie auftritt. So kann eine Frau einen Orgasmus fürchten, weil sie fürchtet, einen Krampfanfall zu bekommen, die Kontrolle über die Sphinkteren zu verlieren oder daß ihr sonst etwas passieren könnte, was sie vor dem Partner blamiert. Bei Personen mit labilen Ich-Grenzen, bei Frauen wie bei Männern, kann der Orgasmus gefürchtet werden, weil die Bewußtseinseinschränkung im Orgasmus symbiotische Phantasien aktiviert, die Angst machen. Bei der Masturbation ist das nicht so gefährlich wie in der Gegenwart eines Partners, mit dem man verschmelzen könnte. Männer können fürchten, bei der Ejakulation wichtige Substanz zu verlieren oder die Frau mit ihrem Ejakulat zu beschmutzen; es resultiert dann eine Ejaculatio retardata oder nulla.

Neben organischen Ursachen und unerwünschten Nebenwirkungen von Medikamenten oder Auswirkungen von Drogen kann die Erektionsschwäche des Mannes verschiedene psychische Ursachen haben. Außer der Angst, sich im Gefolge einer situativ aufgetretenen Erektionsstörung, von der der Mann fürchtet, daß sie sich wiederholen könnte, zu blamieren, unbewußten Ängsten, die Frau zu verletzen oder von ihr verletzt zu werden, sowie Ängsten, an die Stelle des Vaters bei der Mutter zu treten und vom Vater bestraft zu werden, gibt es eine Fülle von weiteren unbewußten Befürchtungen, die eine Erektion blockieren können. Während die Ejaculatio retardata sive nulla meist partnerunabhängig ist, hängt die Erektionsfähigkeit stark von der Beziehung ab. Ein Mann kann durchaus mit seiner Partnerin keine Erektion haben, wohl aber mit fremden Frauen. Das hängt dann nicht immer mit dem Inzesttabu zusammen. Es kann auch sein, daß die andere Frau generell weniger Ansprüche an ihn stellt oder von ihm eine bessere Meinung hat und ihn deshalb anerkennt oder bewundert, während die Ehefrau ihn nicht anerkennt oder sogar abwertet. Ängste vor *allen* Frauen können natürlich auch die Ursache sein; dann ist die Partnerspezifität gering oder nicht vorhanden. Entsprechendes gilt für latente oder manifeste Homosexualität.

Während die bisher genannten sexuellen Funktionsstörungen des Mannes leicht zu erfragen sind, tut man sich bei den Orgasmusstörungen der Frauen schwerer. Ein Orgasmus kann auch dann fehlen, wenn der Koitus nicht lange genug gedauert hat, um einen Orgasmus auszulösen. Eine Ejaculatio praecox des Mannes ist leicht zu diagnostizieren, wenn die Ejakulation bereits ante portas oder gleich nach der Immissio erfolgt. Es besteht aber keine Übereinkunft darüber, wie lange der Koitus von seiten des Mannes dauern sollte. Die meisten - nicht alle - Frauen brauchen zum Orgasmus länger als der Partner (orgasm gap). Um diesen Unterschied auszugleichen, gibt es zwei bekannte Möglichkeiten: die Ausdehnung des Vorspiels und eine willentliche Kontrolle der Ejakulation durch den Mann. Während die übliche Aufklärungsliteratur in früherer Zeit das Vorspiel betonte, und *Kinsey* (1955) sogar der Ansicht war, eine rasche Ejakulation sei etwas Hochwertiges, ähnlich wie man auch sonst eine schnelle Reaktion für gut halten kann, wird in letzter Zeit eher empfohlen, daß der Mann seine Ejakulation willentlich kontrollieren lernt, und bei *Kolodny*, *Masters* und *Johnson* (1979) wird eine Ejaculatio praecox diagnostiziert, wenn der Mann das nicht so lange kann, bis der Orgasmus bei seiner Partnerin normalerweise eintritt.

Eine genaue Befragung der Frau gestattet meist eine diagnostische Unterscheidung zwischen einer Orgasmusstörung der Frau und einer zu frühen Ejakulation des Mannes. Frauen mit einer Orgasmusstörung berichten, daß die Erregung bei länger fortgesetztem Koitus ein Plateau erreicht und nicht weiter ansteigt, dann in Irritation übergeht und langsam abklingt, oder daß die Erregung ein bestimmtes Maß erreicht und dann plötzlich verschwindet. Im einen Fall wird gebremst, im anderen Fall geblockt. Warum einmal das eine, einmal das andere geschieht, ist nicht bekannt. Wahrscheinlich erfolgt die Blockierung relativ kurz vor dem Orgasmus, während schon in sehr viel früheren Phasen gebremst werden kann. Diese Vermutung wird dadurch bestätigt, daß die Frauen, die über das Blockphänomen berichten, sagen, daß sie vorher stark erregt sind, während die "bremsenden" Frauen über geringere Erregungsgrade berichten. Solche Angaben sind natürlich subjektiv und können nicht einmal durch genaues Nachfragen wirklich objektiviert werden. Dauert der Koitus nur sehr kurz, weil die Ejakulation des Mannes rasch erfolgt, ist die beschriebene Differenzierung natürlich nicht möglich. Es muß dann offen bleiben, ob bei der Frau eine Orgasmusstörung vorliegt oder nicht.

Die Ejaculatio praecox selbst ist relativ partnerunspezifisch, sie scheint stark in der Persönlichkeit des Mannes verankert zu sein. Ein Mann mit Ejaculatio praecox ist meist sehr bemüht, Erwartungen zu erfüllen, tut dies aber auf eine Art und Weise, daß die Frau mit seinen Aktivitäten nichts anfangen kann. Die innere Formel könnte heißen: Ich tue ja, was du willst; daß du dann nichts damit anfangen kannst, ist nicht meine Sache. Die Formulierung stammt von *A.E. Meyer* (pers. Mitteilung). Ein Patient mit Ejaculatio praecox kann zum Beispiel in einer psychotherapeutischen Klinik einen Therapeuten auf dem Korridor ansprechen und ihm sagen, daß er einen interessanten Traum gehabt habe. Er erfüllt damit die Erwartung des Therapeuten, der Patient solle Träume bringen, erzählt den Traum aber zur Unzeit, nämlich außerhalb der therapeutischen Sitzung und am falschen Ort, nämlich auf dem Korridor, so daß der Therapeut mit dem Traum nichts anfangen kann. Aus einem solchen Verhalten kann tentativ auf das Vorhandensein einer Ejaculatio praecox geschlossen werden.

Sexuelle Funktionsstörungen sind verhaltenstherapeutisch gut zu beeinflussen. Wenn ein Paar über eine sexuelle Funktionsstörung beunruhigt ist, sich aber sonst gut versteht, wird es vielleicht eher eine kurze Verhaltenstherapie machen wollen, als wenn andere Probleme in der Beziehung bestehen; und wenn es nicht zu einer Symptomverschiebung kommt, kann das Problem mit der Verhaltenstherapie erledigt sein. Wir haben sexuelle Funktionsstörungen meist in Kombination mit anderen Problemen in der Beziehung gesehen; das kann aber wiederum damit zusammenhängen, daß solche Patienten eher eine analytische Psychotherapie aufsuchen. Wahrscheinlich gilt für die sexuellen Funktionsstörungen ähnliches wie für neurotische Symptome überhaupt. Leichtere Monosymptome haben in der Verhaltenstherapie eine gute Prognose. Diese Ausführungen gelten nicht für die sogenannte kognitive Verhaltenstherapie, die sich der

Psychoanalyse immer mehr annähert und sich bemüht, auch zugrunde liegende Konflikte zu erfassen und zu beeinflussen.

Durch mangelnde sexuelle Appetenz wird eine Beziehung in der Regel stärker belastet als durch sexuelle Funktionsstörungen. Während Funktionsstörungen eines Partners vom anderen meist als ein Krankheitssymptom interpretiert werden, das der Behandlung bedarf, für das der Partner aber nicht verantwortlich sei und das auftreten könne, obwohl man sich liebt, werden Störungen der sexuellen Appetenz eines Partners vom anderen oft so interpretiert, daß der andere nicht will oder nicht liebt. Natürlich kann der andere unbewußt nicht wollen, aber er kann sehr wohl lieben, nur eben unter Ausschluß des genital-sexuellen Bereichs. Männer, deren Frauen ihre sexuelle Inappetenz verborgen haben, können sich betrogen fühlen. Einem Mann ist es nicht möglich, sexuelle Inappetenz zu verbergen.

Sekundäre sexuelle Inappetenz, also eine Inappetenz, die auftritt, nachdem vorher sexuelle Wünsche manifest waren, hat ihre Ursache nicht immer primär in einem interpersonellen Konflikt. Es wurde schon erwähnt, daß Zusammenwohnen manchmal das Inzesttabu aktiviert. Es können in einer Beziehung auch innere Konflikte aktiviert werden, die durch einen jeden Partner ausgelöst worden wären. Häufig haben auch sie etwas mit den Erfahrungen mit Vater oder Mutter zu tun, ohne daß das Inzesttabu im Vordergrund stünde. Das Gefühl, nach einer Heirat in der Macht des anderen zu sein, spielt oft eine Rolle; das Gefühl, ausgenutzt zu werden, auch ohne daß man wirklich ausgenutzt wird, kann auch dazu führen, daß möglichst wenig "gegeben" wird. Da man nicht wagt, zu verweigern, erfolgt eine unbewußte Blockierung.

Sexuelle Inappetenz bezieht sich oft nur auf den Partner, aber keinesfalls immer. Im Rahmen einer Depression betrifft sie alle Partner, sie kann sich auch auf die Masturbation ausdehnen. Ein durch das Zusammenleben in einer Wohnung aktiviertes Inzesttabu kann auf andere Partner generalisiert werden.

Stabile neurotische Ehen: Sadomasochistische und phobische Beziehungen

Sadomasochistische Ehebeziehungen sind sehr stabil. Die Partner haben nicht das bewußte oder unbewußte Ziel, den anderen zu vernichten, sondern eine Dauerbeziehung sadomasochistisch zu gestalten. Es geht nicht um Vernichtung, sondern um Unterwerfung des Partners, aber nicht um eine endgültige - der Weg ist hier das Ziel. Trennung ist aber auch deshalb nicht möglich, weil sie als Niederlage erlebt wird. Selbst wenn eine sadomasochistische Ehe geschieden wird, besteht die Beziehung oft weiter; man streitet sich um Unterhalt oder Kinder in einer Art und Weise, die sich weder durch das, worum es real geht, noch durch Rachebedürfnisse allein erklären läßt. Es gelingt solchen Partnern häufig auch, eine Analyse zu einer sadomasochistischen Beziehung umzufunktionieren, wobei der Analytiker provoziert wird und die auf die Provokation erfolgende phantasierte oder wirkliche Gegenaggression als sadistischer Akt interpretiert und sadomasochistisch verarbeitet wird. Aus der sadistischen Position heraus wird die Arbeit des Therapeuten durch retentives Verhalten behindert oder immer wieder ungeschehen gemacht (Sisyphus-Phänomen), durch Ausspähen und Aufspießen seiner Schwächen, durch immer neues Hoffenlassen und Zunichtemachen von Hoffnung wird er sadistisch gequält.

Ein Problem bei solchen Patienten ist es, daß sie sich andere Beziehungsformen als die sadomasochistische kaum vorstellen können. In einer Gruppentherapie bekommen sie andere Beziehungsformen in Intimität vorgeführt, nicht nur in der Beziehung zum Therapeuten - letztere sadomasochistisch umzufunktionieren oder umzuinterpretieren gelingt ihnen oft -, sondern auch als Beziehungen der Gruppenteilnehmer untereinander, etwas, was es eben in der Einzeltherapie nicht gibt.

Wenn eine sadomasochistische Ehe während der Analyse geschieden wird, dürfte der Bekanntenkreis oft erleichtert aufatmen: Endlich ist es den beiden gelungen, voneinander loszukommen; sie haben sich ja nur gequält. Die Triebbefriedigung, die mit dem gegenseitigen Einander-Quälen verbunden war, wird nicht gesehen.

Ganz anders verhält es sich bei einer weiteren, stabilen Form neurotischer Ehebeziehungen, einer Beziehung, die auf einer phobischen Kollusion basiert. *Phobische Ehen* wirken nach außen hin oft besonders harmonisch. Die Partner verbringen viel Zeit miteinander, der Ehemann geht mit der agoraphoben Frau einkaufen, die beiden erscheinen unzertrennlich. Wenn eine Angstsymptomatik vorliegt, wird sie meist nicht in Zusammenhang mit der Ehebeziehung gesehen, im Unterschied zur sadomasochistischen Kampfehe, wo Erkrankungen auf den Streß der Auseinandersetzung zurückgeführt werden. Wenn eine solche "harmonische" phobische Ehe auseinandergeht, wird dies oft so gesehen, daß die Therapie "schuld" sei. Das trifft natürlich in gewisser Weise zu. Es hat sich zum Beispiel in der Therapie herausgestellt, daß außer den phobischen Bedürfnissen des Gesteuertwerdens und des Steuerns nicht viel Gemeinsames vorhanden war. Der neurotische Anteil war schon bei der Partnerwahl zu hoch. Die Partnerwahl wurde dann durch die neurotischen Bedürfnisse stabil gehalten. Die Symptomatik eines der Partner führte zur Therapie. Mit der Symptomatik verschwand dann das neurotische Arrangement, damit zugleich aber auch die Basis der Beziehung.

Bei phobischen Kollusionen ist es besonders wichtig, daß man die Indikation sorgfältig überlegt und dabei die Gefahr einer Auflösung der Partnerschaft mit in Rechnung stellt. In diesem Zusammenhang ist besonders zu beachten, welche sozialen Festlegungen schon erfolgt sind, ob Kinder da sind, und welches Alter die Partner haben. Manchmal kann der Schaden, der durch eine Trennung entsteht, größer sein als der Nutzen einer Therapie. Die naive Einstellung einiger, hoffentlich weniger, Einzeltherapeuten, sie seien nur für ihre Patienten da, die Partner und Familien seien schließlich nicht in Behandlung, können Paar- und Familientherapeuten nicht so leicht einnehmen, meist auch dann nicht, wenn sie Einzel- und Gruppentherapien durchführen. Daß sie sich vielleicht mehr als andere Therapeuten nicht nur um die Patienten selbst, sondern auch um die Auswirkungen des Erlebens und Verhaltens der Indexpatienten auf andere kümmern, bekommt den Patienten übrigens auch deshalb gut, weil ihre inneren Loyalitäten dabei berücksichtigt werden.

Auffällig häufig sistiert bei Herzphobien die Sexualität, ent weder indem ein Partner sich sexuell verweigert, oder indem beide Partner keine Lust mehr verspüren, miteinander zu schlafen. Der herzphobische Partner hat zur Frau oder zum Mann eine unbewußte Kind-Mutter-Beziehung, die mit Sexualität unvereinbar ist, oder eine Mutter-Kind-Beziehung, für die das gleiche gilt. Meist verweigern sich die Frauen; die Sexualität des Mannes scheint doch mehr durch Triebbedürfnisse bestimmt und weniger von der Beziehung abhängig zu sein (vgl. *Argyle* und *Henderson* 1985). Die Verweigerung führt zu Konflikten, kann die Stabilität der Beziehung aber in der Regel nicht gefährden. Das neurotische Arrangement ist stärker. Wenn die Angst vor dem Verlust des neurotischen Arrangements groß ist, kann es zu einer Blockierung der Sexualität bei der Frau kommen, die sich auch auf andere Partner und sogar auf die Selbstbefriedigung ausdehnt. Die Gefahr wäre sonst zu groß, daß erlebte sexuelle Bedürfnisse zu Außenbeziehungen führen könnten, was die Ehe gefährden könnte; selbst Masturbationsphantasien, die sich auf andere Männer beziehen, wären zu gefährlich, und der eigene Mann ist ja durch das unbewußt wirkende Inzesttabu unattraktiv gemacht. Solche Frauen können Orgasmusträume haben, in denen andere Männer auftauchen. Im Traum setzen sich die sexuellen Triebbedürfnisse durch.

Daß Männer von sexuellen Hemmungen in phobischen Kollusionen weniger betroffen sind, weil sie Sexualität abgelöster von einer Dauerbeziehung erleben können, hängt wohl mit evolutionspsychologischen Faktoren zusammen. Um ihre Gene weiterzugeben, möchte die Frau einen Partner, der sie versorgt und beschützt, wenn sie schwanger ist oder ein Kind geboren hat; sie kann jeweils nur von einem Mann schwanger sein. Die Gene eines Mannes haben auch gute Chancen, wenn er mehrere Frauen schwanger macht, ohne mit ihnen in eine Dauerbeziehung einzutreten; er mag dann "hoffen", daß die Frau das Kind allein aufzieht, oder daß ihr die Ursprungsfamilie dabei hilft, wie es häufig auch der Fall ist. Diese lapidaren biologischen Verhältnisse sind durch die jeweilige Kultur, in der ein Paar lebt, überformt, bestimmen aber sicher noch den Umgang von Männern und Frauen mit Problemen in der Partnerschaft mit.

Bei *oralen Kollusionen*, die ebenso regressiv sein können wie phobische, sind Störungen im Bereich der Sexualität seltener, jedenfalls solange die Beziehung kompensiert bleibt, während sie bei den phobischen Kollusionen auch in kompensierten Beziehungen auftreten. Das hängt wahrscheinlich damit zusammen, daß Sexualität eine positive orale Bedeutung im Sinne des Versorgens oder Versorgtwerdens erhalten kann und dann zu einem integrierenden Bestandteil auch des neurotischen Anteils der Beziehung wird.

Nonverbale und verbale Kommunikation in Paarbeziehungen

Psychotherapeuten, die sich mit nonverbaler Kommunikation wenig beschäftigt haben, versuchen oft, durch ihre Interventionen eine Übereinstimmung herzustellen zwischen dem, was gesagt, und dem, was mimisch, gestisch oder durch die Körperhaltung ausgedrückt wird. Jemand, der eine Kritik äußert, sollte nicht lächeln, sondern ein böses oder zumindest ernstes Gesicht machen.

Freundliche Worte und ein böses Gesicht oder böse Worte und ein freundliches Gesicht können aber eine Ambivalenz ausdrücken. Eine Diskrepanz kann auch dann auftreten, wenn man auf einem Kommunikationskanal, meist auf dem verbalen, eine Meinung ausdrückt, auf einem anderen aber die Gefühle, die man jemandem gegenüber hat: zum Beispiel, wenn man jemanden kritisiert und ihn gleichzeitig wissen lassen möchte, daß man ihn dennoch mag. Oft wird auch nicht berücksichtigt, daß ein Gesprächspartner an etwas "hängengeblieben" sein kann, was sich vor dem Gespräch abgespielt hat. Entspricht sein Gesichtsausdruck dann seinen Gedanken und den in der vorangegangenen Gesprächssituation aufgetretenen Gefühlen, kann man den nonverbalen Ausdruck falsch einordnen.

Oft wird in Paarbeziehungen darüber geklagt, daß der andere nicht zuzuhören scheint. Ist die Beziehung schlecht, sieht der eine den anderen eher an, wenn er zu ihm spricht, als wenn er ihm zuhört. Beim Zuhören werden nonverbale Signale dann nicht aufgenommen. *Miller* et al. (1975) fanden, daß Ehemänner in schlechten Ehen schlecht dekodierten, während die Frauen besser dekodierten, sich aber nicht darüber im klaren waren, wie weit die Wahrnehmung der nonverbalen Signale des Partners ihre Gefühle und Einstellungen beeinflußte.

Gleiche nonverbale Signale können durch sehr unterschiedliche Gefühle hervorgerufen werden. Wenn jemand die Stirn runzelt, kann das damit zusammenhängen, daß er den anderen kritisch beurteilt; ein Stirnrunzeln kann aber auch Verwirrung und Ratlosigkeit ausdrücken (*Noller* 1984).

Die Interpretation von nonverbalem wie von verbalem Verhalten ist durch Vorerfahrungen beeinflußt. Wenn jemand versucht, etwas anderes auszudrücken oder zu sagen als bisher, kann es vom Partner dennoch entsprechend den Vorerfahrungen wahrgenommen und interpretiert werden (*Raush* et al. 1974). Das behindert die Veränderung in Beziehungen.

Die gleiche verbale Kritik kann destruktiv intendiert sein oder im Gegenteil bedeuten: Ich habe genug Vertrauen in unsere Beziehung und achte deine Stärke genug, um meine Beherrschung aufzugeben, um dir etwas an den Kopf zu werfen - ich weiß, daß dich das nicht wirklich verletzt. (*Gurman* 1978). Nonverbale Signale können den Patienten dabei helfen, zu differenzieren.

Eine nonverbale Botschaft kann unklar sein, wenn sie undeutlich ausgedrückt wird; wird sie zu stark ausgedrückt, kann das verhindern, daß sie ankommt, weil der andere seine Wahrnehmung gleichsam reflektorisch zurücknimmt.

Aggression kann verschoben werden, zum Beispiel vom Chef auf den Partner. Es kann aber auch sein, daß jemand eine aggressive Grundstimmung nach Hause mitbringt, die sich nicht, wie bei einer Verschiebung, auf den Partner bezieht, die dieser aber so interpretiert, weil er die Vorstellung hat, das Gefühlsleben des anderen sei ganz durch ihn bestimmt.

Mit nonverbalen aggressiven Botschaften ist im allgemeinen schwerer umzugehen als mit verbalen. Auch deshalb ist eine Aufgabe der Paartherapie, die Klarheit der verbalen Kommunikation zu verbessern, indem der Therapeut deutlich macht, daß eine klare verbale Kommunikation unterlassen wird und herauszuarbeiten versucht, warum.

Noller (1984) hat einige Nachteile unklarer Kommunikation aufgelistet. Gefühle und Einstellungen, die nicht ausgedrückt werden, können dennoch in Rechnung gestellt werden, wenn es darum geht, Entscheidungen zu treffen. Der Partner kann dann oft nicht verstehen, warum der andere etwas will. Auf dessen Gefühle und Einstellungen kann er nicht eingehen, weil er sie nicht kennt. Unterläßt ein Partner es, den anderen darauf hinzuweisen, was ihn irritiert, kann das natürlich auch nicht verändert werden. Negative Einstellungen und Gefühle können sich aufstauen. Ganz allgemein behindert eine unklare Kommunikation die Bewältigung gemeinsamer Lebensaufgaben.

Auf der verbalen Ebene können Wörter mehrdeutig sein oder für die Interagierenden verschiedene Konnotationen haben. Eigene Einstellungen und Beurteilungen werden ohne subjektive Stellungnahme vermittelt, womit oft ein Anspruch verbunden ist, daß sie allgemeine Gültigkeit haben ("Man tut dies oder das").

Es kann wichtig sein, nonverbale Kommunikation in verbale zu überführen. Zum Beispiel kann ein Partner dem anderen sagen, wie er ihn nonverbal wahrnimmt. Die Gefahr ist allerdings, daß der andere das Gefühl bekommt, kontrolliert und bekrittelt zu werden. Andererseits kann die Wahrnehmung eines nonverbalen, aber auch eines verbalen Ausdrucks als negativ schlicht auf einem Mißverständnis beruhen, das ungeklärt bleibt, wenn nicht darüber gesprochen wird. Solche Mißverständnisse können Eskalationen einleiten, in deren Verlauf sich die Partner immer mehr verletzen.

Mit den psychoanalytischen Interventionsregeln ist ein Konfrontieren und Klarifizieren von nonverbalen Signalen vereinbar. Der analytische Psychotherapeut sollte darauf achten, in welcher Übertragungsposition er sich zum Zeitpunkt einer Konfrontation oder Klarifizierung befindet, und das beim Timing und der Dosierung mit einbeziehen. Er sollte das vielleicht noch mehr tun, wenn er Nonverbales konfrontiert, als wenn er Verbales konfrontiert. In Paartherapien sollte man auch darauf achten, wie die Arbeitsbeziehung der Partner miteinander ist, und durch welche Übertragungen sie gestört sein könnten. Auf das Kommunikationsverhalten wirken ja nicht nur Erfahrungen in der aktuellen Beziehung, sondern auch Erfahrungen in der Primärfamilie ein, sowohl was das Senden als auch was das Empfangen und das Dekodieren von Botschaften angeht. Der Therapeut muß es vermeiden, in die Rolle eines Verfolgers zu geraten, der auf alles und jedes achtet und nur darauf aus ist, den Patienten zu entlarven. Ist man sich unsicher, wie eine Konfrontation angekommen ist, kann es richtig sein, nach den Gefühlen zu fragen, und nicht nur von nonverbalen Signalen auszugehen, also nicht etwa zu sagen: Sie machen jetzt ein böses Gesicht, nachdem ich das oder das gesagt habe. Durch Nachfragen zeigt man, daß man verbale Äußerungen für wichtig hält und die eigene Meinung des Patienten bezüglich dessen, was er ausdrückt, in Rechnung stellt.

Das Verhalten des Therapeuten kann aber auch wie das einer Mutter interpretiert werden, die sich auf die nonverbalen Signale des Kindes einstellen kann und sie in ihrem Handeln berücksichtigt. Der Therapeut kann auch einmal wie eine einfühlende

Mutter, ein anderes Mal wie ein Verfolger erlebt werden. Das geschieht natürlich besonders bei Patienten, die einmal die guten, das andere Mal die bösen Aspekte eines Objektes übertragen. Das muß nicht auf Objektspaltung zurückzuführen sein. Es ist auch möglich, daß im Verlauf einer Sitzung einmal mehr die bewußte, das andere Mal mehr die unbewußte Seite einer Ambivalenz ausgedrückt wird. Objektspaltung kann man oft durch die Heftigkeit der Gegenübertragung erkennen. Hierzu ist es nötig, über die eigenen habituellen Gegenübertragungsreaktionen gut Bescheid zu wissen, um ein Vergleichsmaß zu haben.

Die Toleranzgrenze eines Patienten kann nicht nur mit der Übertragung, sondern auch mit dem allgemeinen Befinden und mit beruflichen und familiären Belastungen zusammenhängen, die seine Befindlichkeit beeinflussen.

Bei *hysterischen Strukturen* ist besondere Vorsicht angebracht. Hysterische Patienten neigen ohnehin dazu, sich so zu verhalten, wie man sie haben will. Wenn sie meinen, daß der Therapeut ein solches Ausdrucksverhalten erwartet, können sie Gesichtsausdrücke produzieren, die mit dem tatsächlichen Gefühlszustand und ihrer tatsächlichen Einstellung nichts zu tun haben. Spricht man das nonverbale Verhalten zu oft an, kann das den Als-ob-Charakter hysterischen Verhaltens verstärken.

Bei *zwanghaften Patienten* besteht die Gefahr, daß sie ihre mimische Kontrolle verstärken, wenn man sie mit nonverbalem Verhalten konfrontiert. Sie setzen dann ein Pokerface auf. Stark *selbstkontrollierte zwangsneurotische Patienten* werden sehr beunruhigt, wenn man sie damit konfrontiert, daß sie jetzt etwas ausdrücken, ohne das kontrollieren zu können. Im Unterschied dazu versuchen *gefügige Zwanghafte* unter Umständen bewußt, etwas mimisch auszudrücken, von dem sie glauben, daß es erwartet wird. Das gerät ihnen dann allerdings hölzern und unecht. In dem äußeren Verhalten unterwerfen sie sich den tatsächlichen oder vermuteten Erwartungen des Therapeuten, in ihrem Inneren bleiben sie aber bei ihrer Meinung, daß sie es schon richtig gemacht haben. Zwanghafte Patienten, die soziale Normen zu ihren eigenen gemacht haben, richten sich von vornherein nach der sozialen Erwünschtheit. Solche Patienten sind dann besonders beunruhigt, wenn man ihnen sagt, daß es ihnen nicht gelingt, sich so zu verhalten, wie es den üblichen sozialen Erwartungen entspricht.

Depressive Patienten können jegliche Konfrontation mit nonverbalem Verhalten als Zurückweisung empfinden und mit Selbstvorwürfen reagieren.

Immer ist darauf zu achten, daß Gefühle, die nicht bewußt sind, nonverbal ausgedrückt werden können. Drückt ein zwanghafter Patient Aggressivität aus, ohne das mindeste davon zu spüren, wird man mit ihm zunächst bearbeiten müssen, warum er Angst haben könnte, Aggressionen auszudrücken, und ihn erst dann auf seine nonverbalen Aggressionsäußerungen hinweisen, wenn diese Arbeit geleistet ist. Entsprechendes gilt natürlich für hysterische Patientinnen, die mit dem Therapeuten flirten, ohne die mindesten erotischen Gefühle ihm gegenüber zu empfinden.

Daß man mit der Mimik etwas ausdrückt, ist allen Menschen bekannt. Bekannt ist auch, daß man mit den Händen etwas ausdrückt. Viel weniger bekannt ist, daß man auch mit den Beinen etwas ausdrücken kann, zum Beispiel doppeltes Verschränken der Beine Angst vor sexueller Penetration. Wegen der begleitenden Scham- oder Angstaffekte, die auftreten, wenn das Verhalten bewußt wird, ist beim Konfrontieren der Beinhaltung im Rahmen einer analytisch orientierten Therapie besondere Vorsicht geboten. Ein Patient oder eine Patientin kann sich in ganz anderer Weise "ertappt" fühlen, wenn man etwas anspricht, was er oder sie mit den Beinen ausdrückt, als etwas, was mit den Händen und Armen oder mit dem Gesicht ausgedrückt wird.

Es ist im übrigen ein Irrtum anzunehmen, daß eine Frau, die Erotisches ausdrückt, ohne es zu merken, in jeder Situation sexuell blockiert sein müßte. So kann eine Frau dem Therapeuten gegenüber unbewußte sexuelle Wünsche haben, die wegen ihrer inzestuösen Färbung, oder weil sie die Beziehung zum Partner gefährden könnten, abgewehrt sind; nonverbal werden sie dennoch signalisiert. Die gleiche Frau kann dem eigenen Partner gegenüber durchaus sexuelle Wünsche empfinden und sexuelle Phantasie wie auch ihre Umsetzung in sexuelles Handeln schuldfrei genießen.

Eine andere Möglichkeit ist, daß eine Frau zwei sexuelle Signalsysteme hat. Eines setzt sie bei Partnern außerhalb des Inzestbereiches ein, ein anderes hat sie im Umgang mit dem Vater erlernt, der Spaß an einem quasi-erotischen Verhalten des Kindes hatte, das sich "schon verhielt wie eine kleine erwachsene Frau", ohne aber sexuelle Gefühle im erwachsenen-genitalen Sinne zu empfinden. So ein Verhalten ist oft anderen Frauen abgeguckt. Wird es in der Beziehung zum Vater eingesetzt und hat Erfolg, kann es, durch diesen Erfolg verstärkt, als dauerhafte Verhaltensmöglichkeit etabliert werden. Man erkennt ein solches Verhalten meist an kindlich naiven Beimischungen, die im Umgang mit Männern außerhalb des Inzestbereiches fehlen.

Allgemein gilt, daß ein erotisches Signalverhalten umso ausgeprägter ist, je weniger es sich auf bewußte sexuelle Wünsche und Phantasien bezieht. Sexuelle Wünsche und Phantasien, die erlebt werden, führen meist zu einem zurückhaltenden, nur angedeuteten Signalverhalten, das aber doch sehr wirksam sein kann, wenn sich der prospektive Partner darauf einstellt.

Ein Kind, das von einem Elternteil weiter wie ein Kind behandelt wird, obwohl es erotische Signale aussendet, kann die erotischen Signale verstärken, was dann bedeutet: Behandle mich wie einen Erwachsenen oder eine Erwachsene. Ein solches Verhalten beobachtet man bei Latenzzeitkindern. In der Latenzzeit wird viel von den Eltern gelernt. Eine Tochter möchte auch den Vater als eine Art Trainingspartner haben. Mit Beginn der Adoleszenz und der Aktivierung sexueller Phantasien, die sich den Erwachsenenphantasien langsam annähern, wird das Inzesttabu aktiviert, ein flirtendes Verhalten kann dann wieder verschwinden. Die Mädchen werden dem Vater gegenüber scheu und zurückhaltend, und auch der Vater verhält sich gegenüber dem Mädchen, das eine Frau zu werden beginnt, nicht mehr so unbekümmert, wie er es vorher glaubte tun zu dürfen. Manche Mädchen reagieren dann wie eine verschmähte Geliebte. Sie beziehen die Zurückweisung auf ihre ganze Person. Die Zuneigung zum Vater kann in Haß umschlagen. Es kann aber auch sein, daß solche Mädchen dem Vater über ihre Beziehungen zu gleichaltrigen Jungen berichten, um ihn eifersüchtig zu machen. Wenn der Vater eifersüchtig wird, zeigt er damit, daß er sich für sie interessiert. Wenn er es in einer aggressiven Weise ausdrückt, die wiederum Aggression von seiten des Mädchens provozieren kann, wird die darunter liegende gegenseitige sexuelle, gefährliche Attraktion verdeckt. Es kommt zu einer Kollusion: Man einigt sich gleichsam auf die aggressive Ebene des Umgangs miteinander, die sexuelle Attraktion wird nicht manifest.

Die Gestik und die Körperhaltung von Männern sind im Durchschnitt raumfordernder als die von Frauen; besonders gilt dies für die Mittelschicht. Abweichungen bedürfen der diagnostischen Interpretation. Ob man diese Interpretationen mitteilt, wie man sie mitteilt und was, ist von Fall zu Fall sehr verschieden. Hier werden Identitäts- und Rollenfragen angesprochen, die oft brisant sind.

Bislang hat sich die Psychoanalyse zu wenig mit Latenzzeit und Adoleszenz in der Übertragung beschäftigt. Alles Erotische und Sexuelle wurde oft auf die ödipale Entwicklungsphase bezogen. Gerade in Paartherapien ist es aber wichtig, daran zu denken, daß sich Adoleszenz und Latenzphase in der Übertragung manifestieren können: in der Übertragung auf den Partner, wenn er die entsprechende Übertragungsauslösung bietet, vor allem aber in der Übertragung auf den Therapeuten. Rätselhaftes oder sonst falsch interpretierbares Signalverhalten kann dann richtiger eingeordnet werden.

Paarbeziehungen und Partnerkonflikte in Einzel- oder Gruppentherapie

Meist werden neurotische Paarkonflikte immer noch in Einzel- oder Gruppentherapie *eines* Partners behandelt. Häufig ist nur einer der Partner motiviert, eine Therapie aufzusuchen. Sehr häufig fühlt sich auch nur einer der Partner krank.

Viele innerpsychische Probleme, die zu Partnerkonflikten führen, lassen sich in Paartherapien schwer bearbeiten. In den Paartherapiesitzungen haben manche Paare Schwierigkeiten, sich zu streiten, weil sie das so erleben, als würden sie ihre schmutzige Wäsche vor einem Repräsentanten der Öffentlichkeit waschen. Das behindert die Therapie. Außerdem kann eine Angst bestehen, daß der Partner das, was man sagt, gegen einen verwenden könnte.

Aber auch manche Partner, die eine *Paartherapie* machen, suchen anschließend eine Einzel- oder Gruppentherapie auf. Wenn der Partner nicht dabei ist, fällt es vielfach leichter, einen Neuanfang zu finden, das heißt, Beziehungsformen auszuprobieren und zu etablieren, die mit dem Partner nicht möglich waren, vor allem dann, wenn man den Partner nach dem Modell einer wichtigen Bezugsperson in der eigenen Primärfamilie ausgesucht hat.

Die Behandlung von Partnerkonflikten in *Einzel- oder Gruppentherapie* hat also bestimmte Vorzüge. Sie bringt jedoch auch Probleme mit sich, auf die im folgenden eingegangen werden soll.

In der *Einzeltherapie* führt die Idealisierung des Psychotherapeuten, der mehr auf seine Patientinnen oder Patienten eingeht, als er es als Partner könnte, oft zu zusätzlichen Schwierigkeiten in der Paarbeziehung (vgl. auch *Rohde-Dachser* 1981).

Der Partner, der sich nicht in Therapie befindet, bleibt oft in der Entwicklung zurück. Wenn auch er eine Einzeltherapie macht, aber bei einem anderen Psychotherapeuten, etablieren sich in den beiden Partnern zwei verschiedene innere Objekte, was dazu beitragen kann, daß die Entwicklung der Partner auseinanderläuft. Eine Einzeltherapie zweier Partner beim gleichen

Therapeuten empfiehlt sich jedoch nicht wegen der zu erwartenden paranoiden Befürchtungen (*Kreische* 1986). Hierbei werden oft eigene Tendenzen, über den Partner, mit dem ein Konflikt besteht, in der Therapie schlecht zu sprechen, auf den anderen projiziert, und es treten Befürchtungen auf, der andere wolle einen in den Augen des Therapeuten herabsetzen. Aufgrund der Schweigepflicht des Therapeuten jedem der beiden Partner gegenüber können solche schwierigen Konstellationen oft nicht gut bearbeitet werden.

Bei einer Einzeltherapie kann der Partner, der nicht in Therapie ist, den Therapeuten als Rivalen fürchten, manchmal mit Recht, weil der Therapeut aus der Position des "Sonntagspartners" heraus viel Zuwendung und Konzentration aufbringen kann. Abgesehen von Idealisierungen, die mit der Übertragung idealer Objekte aus der inneren Welt des Patienten oder mit Externalisierungen des Ich-Ideals oder Größenselbst zusammenhängen, verhält sich der Therapeut ganz real oft zugewandter, einfühlsamer und verständnisvoller als der Partner. Der Patient macht sich aber nicht klar, daß dieses Verhalten des Therapeuten nur unter den besonderen Bedingungen der therapeutischen Situation möglich ist und daß sich ein Therapeut der eigenen Frau oder eine Therapeutin dem eigenen Mann gegenüber nicht so verhalten kann und wohl auch nicht verhalten sollte.

In der Therapie stellt der Therapeut seine eigenen persönlichen Interessen zurück und hat nur die Interessen des Patienten im Auge, solang der Patient sich an die Regeln des analytischen Settings hält. Überschreitet der Patient die Grenzen des Settings, muß der Therapeut unter Umständen zu seinen eigenen Interessen stehen. Bis dahin erscheint er selbstlos. Man kann sich leicht ausmalen, wie sich eine Alltagsbeziehung gestalten würde, in der einer der Partner sich derartig "selbstlos" verhielte. In einer Therapie gibt es genau genommen keine realen Interessenkonflikte. Einen Erfolg der Therapie wünschen beide. Der Therapeut gibt das Setting und die Arbeitsweise vor, und der Patient wird, selbst wenn er gegen das eine oder andere protestiert, in der Regel doch davon überzeugt sein, daß der Therapeut die Begrenzungen des analytischen Settings zum besten des Patienten handhabt oder sich jedenfalls ernsthaft darum bemüht.

Alltagsbeziehungen finden aber außerhalb eines therapeutischen Settings statt und sind deshalb anderen Gesetzen unterworfen. Ein Alltagsverhalten des Therapeuten wie in der Therapie wäre unangemessen. Das gilt natürlich auch bezüglich des Verhaltens den eigenen Kindern gegenüber. Unter Analytikern wird die folgende Anekdote erzählt: In den ersten Jahren der Analyse, als man sich mit psychoanalytischer Pädagogik zu beschäftigen begann, reagierte ein Psychoanalytiker auf seinen Sohn nicht mit Ärger oder Bestrafungen, wenn der etwas angestellt hatte, sondern wie einem Patienten gegenüber. Er schimpfte also nicht, wenn der Sohn zum Beispiel mit seinem Ball eine Fensterscheibe eingeworfen hatte, sondern sagte ihm: "Wir wollen uns doch jetzt mal zusammensetzen und versuchen zu verstehen, warum du das gemacht hast." Von diesem Jungen, dessen Vater ihn immer verstehen wollte, wird berichtet, daß er später selbst in Analyse kam und dauernd von Watte träumte.

Der Eindruck besonderer Einfühlsamkeit des Therapeuten entsteht nicht nur deshalb, weil er sich gut einfühlen kann - es ist natürlich zu hoffen, daß er das besser kann als der Durchschnitt der Bevölkerung -, sondern auch, weil er wenig Konturen zeigt. Er sagt oft nicht, wenn er etwas nicht gut findet, reagiert auf einen Angriff nicht mit einem Gegenangriff oder irgendeiner anderen Sanktion, stellt keine Ansprüche auf Zuwendung und Verständnis von seiten des Patienten; und wenn der Patient ihn bewundert, hinterfragt er das früher oder später. Ein Verhalten, wie es hier beschrieben wird, wäre in einer Alltagsbeziehung mit ihren Interessenkonflikten ganz unerträglich. Die Partnerin oder der Partner würden nicht wissen können, woran sie bezüglich der Realitäten sind. Das kann in Therapien fruchtbar gemacht werden, führt in Alltagsbeziehungen aber zu Irritationen und im besten Fall noch zu "Orientierungskloppern", provokativen Verhaltensweisen, mit deren Hilfe der Partner versucht, irgendwelche klaren Reaktionen des anderen hervorzurufen, an denen er sich orientieren kann. Der Partner tut dann das gleiche, was schizoide Menschen tun, die wenig Realitätswahrnehmung haben. Auch sie helfen sich manchmal durch "Orientierungsklopper".

Von Psychoanalytikerfrauen hört man hin und wieder, sie wünschten sich, daß ihr Mann ihnen dreimal die Woche fast eine Stunde lang so intensiv zuhöre, wie er das mit Patientinnen macht. Das wird meist scherzhaft gesagt. Vielleicht weiß manche Analytikerfrau aber nicht, daß ihr Mann ihr in der gleichen Weise, wie er seinen Patientinnen zuhört, gar nicht zuhören könnte, weil alles was seine Frau tut oder läßt, ihn ganz real tangiert und reale Konsequenzen für sein Leben haben kann.

Der Analytiker als idealer Mann ist also eine Chimäre: nicht nur, wenn er aus Gründen idealisiert wird, die im Patienten liegen, sondern auch, wenn es manchmal wirklich so scheinen mag, als verhielte er sich wie ein idealer Mensch. *Greenson* soll einmal gesagt haben: "Jeder kann fünfzig Minuten lang ein idealer Mensch sein." Daß der Therapeut Triebwünsche im sexuellen Bereich nicht befriedigt, kann zwar eine Patientin aggressiv machen, ihre narzißtischen Bedürfnisse werden aber vom Therapeuten in einer ganz eigentümlichen Form erfüllt, eben durch die Konzentration auf das, was die Patientin sagt, fühlt und denkt. Oral und sexuell frustriert der Therapeut den Patienten, aber er verlangt auch für sich selbst nichts Orales außer dem Honorar, und er stellt keine sexuellen Ansprüche. Er verlangt vom Patienten nicht, daß er guter Laune sei und ihn aufheitert. Geht es dem Therapeuten einmal schlecht, wird er den Patienten nicht damit belasten. Obwohl der Therapeut real keine sexuellen Ansprüche stellt, kann ihm eine Patientin doch sexuelle Wünsche zuschreiben. Eine Patientin kann phantasieren, daß der Therapeut gerade der Liebhaber ist, den sie sich wünscht, und daß das Leben mit ihm ganz wunderbar wäre.

Es ist wichtig, daß der Therapeut sich all diese Dinge klar macht. Es hilft ihm zu verstehen, warum eine Patientin oder ein Patient ihn so gut finden können, und wie wenig das mit ihm als Alltagsmensch zu tun hat.

Der Patient kann dem Partner gegenüber so tun, als sei der Therapeut sein Bundesgenosse, zum Beispiel indem er falsch oder aus dem Zusammenhang gerissen zitiert, was der Therapeut in den Stunden gesagt hat. Patienten können auch die Phantasie entwickeln, der Therapeut sei wirklich ihr Bundesgenosse, obwohl das nicht zutrifft. Diese Verkennung ist häufiger als die bewußte Täuschung des Partners über die Einstellungen und Äußerungen des Therapeuten.

Schließlich kann es ihm auch gelingen, den Therapeuten real in die Position des Bundesgenossen zu manövrieren. Phantasien von seiten des Partners, der sich nicht in Therapie befindet, spielen dabei natürlich auch eine Rolle. Der Partner kann den Vater oder die Mutter auf den Therapeuten übertragen und ihn als Rivalen empfinden. Er kann auch das Gefühl haben, der

Partner in Therapie habe zum Therapeuten eine Beziehung, wie er sie selber gerne hätte.

Muß sich die Familie wegen der Therapie einschränken, zum Beispiel, weil in den Zeiten der Abwesenheit zur Therapie ein Babysitter finanziert werden muß, kann der Partner das Gefühl haben, die Therapie sauge ihn aus, er bekomme sowieso weniger aus der Beziehung, als er in sie hineinstecke, und jetzt komme die Therapie als ein zusätzliches "Faß ohne Boden" hinzu.

Selbst wenn der Partner zu Beginn einer Therapie hoffte, auch er werde von der Therapie profitieren, sieht es im Verlaufe oft anders aus: Konflikte werden mobilisiert, der Partner oder die Partnerin wird aufmüpfig, der Mann oder die Frau läßt sich nicht mehr herumkommandieren oder beginnt, eigene Interessen mehr zu verfolgen.

Sicher wäre es am komplikationslosesten, vielleicht auch am erfolgversprechendsten, wenn alle Psychotherapien, die eine Strukturveränderung anstreben, vor der endgültigen Partnerwahl begonnen und auch abgeschlossen werden könnten. Oft ist das so nicht der Fall.

Der Therapeut muß der Versuchung entgehen, Partei für oder gegen seinen Patienten zu ergreifen, den meist unbewußten Manipulationen seines Patienten nachzugeben, oder aber eigene Objektbeziehungswünsche umzusetzen, zum Beispiel ein besserer Partner oder eine bessere Partnerin sein zu wollen, zumindest in der eigenen Phantasie.

In Paarbeziehungen wie in der Kindererziehung drücken sich die partikularen Normen und Werte wohl am stärksten aus. In der Therapie, die *Freud* in ihren Schwierigkeiten mit der Kindererziehung verglichen hat, sollten sie sich nicht ausdrücken, tun es aber dennoch, besonders gerade dann, wenn diese Möglichkeit vom Therapeuten nicht reflektiert, sondern geleugnet wird.

Für *Kurztherapien* gelten noch einige weitere Gesichtspunkte: Von Psychoanalytikern wird Kurztherapie gelegentlich in einer Weise verstanden, die sich dysfunktional auswirkt. Eine Kurztherapie ist nicht "ein Stück Analyse". In der Kurztherapie wird auch nicht schneller gearbeitet als in der Analyse. Man arbeitet an ausgewählten Konfliktbereichen und läßt andere beiseite, gleich, ob es sich um eine Focaltherapie im engeren Sinne handelt, also eine Therapie, bei der ein Focus für die Gesamtdauer der Therapie bestimmt wird, oder um eine Therapie mit wechselndem Focus, der vom Prozeß, aber auch von der Symptomrelevanz der zu bearbeitenden Konflikte und von der aktuellen Lebenssituation abhängt.

Eine schwierige Aufgabe stellt sich dem Therapeuten, wenn eigentlich eine Analyse angezeigt wäre, aus äußeren Gründen aber nicht möglich ist: Er bekommt es dann nicht nur mit den übersteigerten Erwartungen des Patienten oder umgekehrt mit dessen Resignation zu tun ("So wenig Therapie kann mir doch nicht helfen"), sondern er kommt auch in Konflikt mit den eigenen Zielvorstellungen bezüglich dessen, was Therapie bewirken sollte.

Die Bedeutung der Paarbeziehung in einer Kurztherapie ist relativ klar, wenn die Partnerbeziehung von Anfang an bearbeitet werden soll. Schwierig wird es dann, wenn die Partnerbeziehung zunächst nichts mit dem symptomrelevanten Konflikt zu tun zu haben schien. Daß dem so sei, ist zwar meist ein Irrtum; innere Konflikte drücken sich fast immer auch in der Paarbeziehung aus. Daran wird wohl jeder Psychotherapeut denken, der Stellenwert kann aber falsch eingeschätzt werden. Man wird die Paarbeziehung in die zu bearbeitenden Konfliktbereiche miteinbeziehen müssen. Das geht dann besonders leicht, wenn man sich nicht nur auf einen Focus eingestellt hat, sondern auf wechselnde Foci. Schwieriger wird es schon, wenn durch die Tatsache, daß der Patient in Therapie ist und durch die damit verbundenen Phantasien ein latenter Konflikt in der Paarbeziehung virulent wird und nun ausbricht. Es handelt sich meist um Konflikte, in denen es um Neid oder Eifersucht geht, um Rivalität, Aufwertung oder Abwertung. Der nicht therapierte Partner kann dann versuchen, die Therapie zu behindern. Damit läßt sich immer noch leichter umgehen als mit Bemühungen des Partners nach der Beendigung einer Therapie, Veränderungen wieder rückgängig zu machen. Hier hat der Therapeut nur Einfluß, wenn er noch einmal konsultiert wird.

Unsere Supervisionserfahrungen haben gezeigt, daß Partner bei Kurztherapien häufiger hinzugezogen werden als bei Langzeittherapien, vor allem zu Beginn einer Kurztherapie. Manche Kollegen (z.B. *Albrecht Hering,* mündl. Mitteilung) haben aber auch gute Erfahrungen damit gemacht, vor Beginn einer Einzelanalyse diagnostische Gespräche mit dem Patienten und seinem Partner zusammen zu führen.

Zu Beginn einer *Langzeittherapie* sind viele Analytiker besorgt, einen Schutzraum zu etablieren, in dem sich die Analyse ungestört entfalten kann. Manchmal wird eine Störung dadurch nur aufgeschoben. Sie entsteht im Verlauf der Analyse, wenn der Partner versucht, auf die Therapie Einfluß zu nehmen.

Manchmal kann es angezeigt sein, eine Einzeltherapie in eine Partnertherapie zu überführen, wenigstens für einige Sitzungen. Ein solches Vorgehen ist allerdings nicht ohne Probleme, weil es Einfluß auf die Übertragung hat - das kann und muß vor und nach den Paargesprächen bearbeitet werden - und weil der Partner oft befürchtet, daß der Therapeut, bei dem der Mann oder die Frau schon längere Zeit in Behandlung ist, sich eher als dessen Anwalt verstehen wird und nicht als unparteiischer Gesprächspartner. Manchmal hofft der hinzukommende Partner auch, den Therapeuten zum eigenen Anwalt machen zu können und ihn gegenüber dessen bisherigem Einzeltherapiepatienten aufzubringen. In Paarkonflikten ist der Wunsch nach einem Anwalt oder Bundesgenossen oft sehr intensiv.

Die Situation ist auch schwierig, wenn beide Partner in Analyse sind. Hier ist es nicht nur so, daß beide Einzeltherapeuten unterschiedliche Akzente setzen, was bei einer belasteten Beziehung die Konflikte noch verschärfen kann. Wenn es in der Paarbeziehung zu einer Entwicklung kommt, die einer der Therapeuten paartherapeutisch bearbeiten möchte, entsteht die Frage, ob der andere Therapeut das auch so sieht und einverstanden ist. Wenn das so ist, erhebt sich immer noch die Frage, wer die Paargespräche führen soll. Naheliegend wäre das Arrangement einer gemeinsamen therapeutischen Gesprächsführung durch die Therapeuten beider Partner. Ein solches Arrangement kommt aber so gut wie nie zustande. Das ist begreiflich: Die Therapeuten müßten sich gut kennen und sich auch gut verstehen, wenn sie ein solches Gespräch gemeinsam führen wollten. Ein therapeutisches Gespräch gemeinsam mit jemandem zu führen, den man nicht oder nur flüchtig kennt, ist schwierig, weil der Modus der Gesprächsführung sich von Therapeut zu Therapeut unterscheidet. Eine funktionale Rollenverteilung in Co-Therapien bildet sich meist erst in längerer Zusammenarbeit heraus. Oft bleibt nur übrig, daß einer der Therapeuten die Gespräche übernimmt und der andere sich damit begnügt, das, was in den Gesprächen stattgefunden hat, mit seinem eigenen Patienten in der weiteren Analyse zu bearbeiten, oder ein dritter Therapeut führt die Paargespräche.

Bei einer *Gruppentherapie,* an der nur einer der beiden Partner teilnimmt, treten oft ähnliche Befürchtungen beim abwesenden Partner auf wie in der Einzeltherapie, aber nicht die gleichen. Neid, Eifersucht und Rivalität beziehen sich hier nicht nur auf den idealisierten Therapeuten, sondern auch auf die übrigen Gruppenmitglieder. Beim abwesenden Partner finden sich manchmal auch Befürchtungen, daß aus einer Beziehung in der Gruppe eine reale Paarbeziehung außerhalb der Gruppe werden könnte.

Das kommt zwar selten vor, seltener wahrscheinlich als zum Beispiel am Arbeitsplatz, es gibt dagegen aber kein einklagbares Gesetz, und der Therapeut kann es nicht immer verhindern. Es ist allerdings seine Aufgabe, den Verkennungsanteil einer solchen Beziehung deutlich zu machen, der im allgemeinen größer ist als sonst im Leben. Damit ist die Chance geringer, daß in einer Therapiegruppe eine günstige Partnerwahl getroffen wird.

Gruppentherapie erscheint uns besonders auch bei Partnern geeignet, die stark dyadisch fixiert sind. Das Mehrpersonenangebot der Gruppe können sie zunächst dyadisch auffassen, indem sie zum Beispiel nur zu einer Person eine engere Beziehung aufnehmen und die anderen, oft auch den Therapeuten, vernachlässigen, oder indem sie eine Beziehung zur Gesamtgruppe phantasieren, ohne auf den einzelnen näher einzugehen. Später können sie aber den Übergang von der dyadischen in die Mehrpersonenbeziehungsform finden, was in einer Einzeltherapie vom Übertragungsangebot her schwieriger ist, weil dort die triangulierenden Personen außerhalb des therapeutischen Settings gefunden werden müssen.

Manche Therapeuten meinen, daß die Gruppentherapie für dyadisch fixierte Patienten nicht geeignet sei, weil sie nicht in der Lage seien, Beziehungen zu mehreren Personen zur gleichen Zeit aufzunehmen. Das ist eine aus der Theorie abgeleitete Kontraindikation, bei der eben nicht bedacht wird, daß ein Patient die Beziehungsangebote in einer Gruppe nach seinen jeweiligen Möglichkeiten wahrnehmen und nutzen kann.

Manchmal hört man auch, daß Patienten aus der ängstigenden Dyade in eine Gruppe flüchten wollten. Wenn die Angst vor der Dyade sehr groß ist, kann es sein, daß eine Gruppe die einzige therapeutische Möglichkeit ist, mit der der Patient zur Zeit umgehen kann; vielleicht wird er später "dyadefähig". Die Möglichkeit, sich in der Gruppe in eine Warteposition zu begeben, wie es schizoide Patienten manchmal tun, und dennoch beobachtend und innerlich beteiligt an einem therapeutischen Prozeß zu partizipieren, gibt es in der Einzeltherapie nicht (*König* 1986). Es ist aber ebensogut möglich, daß ein Patient die Gesamtgruppe als genau das dyadische Objekt in der Übertragung erlebt, vor dem er sich fürchtet. Dann können dyadische Ängste sogar sehr intensiv auftreten, so daß der Patient die Therapie abbricht. Häufiger jedoch treten sie in einem Intensitätsgrad auf, der bearbeitbar ist. Ein Vorzug der Gruppentherapie liegt darin, daß sie vielfältige Übertragungsauslöser bietet, die vom Patienten je nach Übertragungsdisposition genutzt werden können.

Eine Gefahr für die Langzeittherapie von Paarkonflikten liegt darin, daß der reale interpersonelle Konflikt eine Therapie oft dringlich macht und auch dem Wunsch des Patienten nach Besserung etwas Drängendes verleiht. Jemand, der zu Hause große Schwierigkeiten hat, bringt oft nicht die Geduld auf, sich mit seinem Innenleben und, in einer Gruppe, mit Problemen anderer Menschen zu beschäftigen, die manchmal tatsächlich, häufiger jedoch nur scheinbar mit seinen eigenen Konflikten nichts zu tun haben.

Dies ist übrigens in Gruppen anders, an denen viele Patienten mit Partnerproblemen teilnehmen. Hier findet sich bei den meisten die Hoffnung, von den anderen etwas für die Bewältigung der eigenen Schwierigkeiten lernen zu können. Allerdings beobachten wir in diesen Gruppen mehr als in anderen, daß die Teilnehmer mehr über ihre Beziehungen draußen sprechen und weniger über die Beziehungen in der Gruppe. Zumindest werden die Sitzungen häufiger als in anderen Gruppen mit Mitteilungen über draußen eröffnet. Später im Sitzungsverlauf wird es dann möglich, mehr auf die Vorgänge in der Gruppe zu zentrieren.

Ein weiterer Vorteil der Gruppentherapie liegt schließlich noch darin, daß dort Gesprächskompetenz erworben werden kann. Da es eine erhebliche Anzahl von Paarkonflikten gibt, bei denen Verständigungsschwierigkeiten eine Rolle spielen (vgl. *Noller* 1984), kann es sich günstig auswirken, wenn die Klarheit der Kommunikation in einer analytisch orientierten Gruppe verbessert wird. Dies geschieht nicht nur durch einen Übungs- und Lerneffekt. Viele Patienten sprechen dort zwar häufiger über ihre Gefühle und Phantasien, als sie es bisher jemals getan haben, was bereits einen Übungseffekt hat. Dazu kommt aber noch, daß Unklarheiten in der Kommunikation, die der Abwehr dienen, von den Gruppenmitgliedern und vom Therapeuten meist gut und direkt konfrontiert werden können, so daß es dann möglich ist, sie wie jedes andere Widerstandsphänomen zu bearbeiten und aufzuklären.

Paartherapien werden am häufigsten in kommunalen oder kirchlichen Ehe- und Lebensberatungstellen durchgeführt oder in familientherapeutischen Einrichtungen, aber auch in den Praxen niedergelassener Psychotherapeuten, die sich für Paartherapie besonders interessieren. Das spricht sich dann schnell herum, und es kommen Patienten mit Partnerschaftsproblemen.

Die meisten neurotischen Partnerprobleme werden heute immer noch in Einzeltherapien bearbeitet, gefolgt von der Gruppentherapie. Familientherapie und Paartherapie folgen mit großem Abstand. In psychotherapeutischen Ausbildungen werden oft wenig Grundkenntnisse über Paartherapien vermittelt. Therapeuten, die sich für Paarbehandlungen besonders interessieren, machen in der Regel noch eine zusätzliche Spezialausbildung.

Die Vielfalt und Qualität dieser Ausbildungen ist noch unterschiedlicher als in der Einzel- und Gruppenpsychotherapie. Es gibt keine einheitliche paartherapeutische Behandlungstechnik. Nach den beiden Hauptherkunftsbereichen der Paartherapie lassen sich jedoch in einer Grobeinteilung Konzepte und Behandlungstechniken systemtheoretischer Herkunft und solche psychoanalytischer Herkunft unterscheiden. Wir selbst sind Psychoanalytiker, versuchen aber, systemtheoretische Gesichtspunkte miteinzubeziehen.

Mit systemischen Interventionen wird überwiegend am sekundären, interpersonellen Krankheitsgewinn angesetzt. Psychoanalytiker hingegen arbeiten auch am intrapsychischen Konflikt und am primären, inneren Krankheitsgewinn, den das neurotische Symptom oder das neurotische Erleben und Verhalten für den Patienten mit sich bringt. Die psychoanalytische Arbeit am sekundären Krankheitsgewinn berücksichtigt die Diagnose des intrapsychischen Konflikts, indem betrachtet wird, wie sich dieser Konflikt interpersonell auswirkt.

Der psychoanalytische Paartherapeut ist ein teilnehmender Beobachter. Er versucht nicht, einen Standpunkt außerhalb des Systems einzunehmen. Er bemüht sich darum, die in der Therapie entstehenden Übertragungs- und Gegenübertragungsprozesse aus einer inneren Metaposition heraus diagnostisch auszuwerten und anschließend in therapeutische Interventionen umzusetzen. In der psychoanalytisch orientierten Paartherapie geht es allerdings im Vergleich zur Einzelpsychoanalyse und zur analytischen Gruppentherapie in höherem Maße darum, das Gespräch zwischen den Partnern über Bewußtes, aber bislang Verschwiegenes anzuregen, als in anderen therapeutischen Settings.

Beispiel 1:

Der Therapeut sagt nach einer längeren Sequenz eines "Schleichens um den heißen Brei" von beiden Partnern: "Sie (an die Frau gerichtet) verhalten sich heute hier so Ihrem Mann gegenüber, als wollten Sie ihn loswerden. Und Sie (an den Mann gerichtet) verhalten sich so Ihrer Frau gegenüber, als wollten Sie eine Trennung um jeden Preis vermeiden." Die Frau daraufhin: "Ja, das will ich auch." Und der Mann: "Und ich habe große Angst vor einer Trennung." Obwohl das folgende Gespräch zwischen beiden Partnern über die Gründe für den Wunsch, sich zu trennen, beziehungsweise die Ehe aufrechtzuerhalten, belastend war, fanden es beide doch weniger anstrengend als den "Eiertanz" zuvor.

Der Psychoanalytiker beschäftigt sich in der Objektbeziehungstheorie und in der therapeutischen Praxis mit dem *System Individuum* und dem *Subsystem intrapsychischer Repräsentanzen*, also den Erinnerungsspuren an kindliche Interaktionserfahrungen aus der Herkunftsfamilie und deren innerseelische Weiterverarbeitung mit ihren späteren Auswirkungen. Der rein systemisch arbeitende Therapeut richtet seine Aufmerksamkeit auf das *System Individuum* und das *Suprasystem Familie*. Eine Integration beider Ansätze führt zu einer komplexen Betrachtungsweise, in der die wechselseitigen Beeinflussungen von Familie, Individuum und intrapsychischen Repräsentanzen beachtet werden. Dadurch wird es dem Psychotherapeuten möglich, bei der Indikationsstellung den "veränderungsoptimalen Systembezug" (*Fürstenau* 1985) für einen bestimmten Patienten oder für ein bestimmtes Paar zu einem bestimmten Zeitpunkt zu wählen, während bei einem anderen Patienten, einem anderen Paar oder beim gleichen Paar zu einem anderen Zeitpunkt ein anderer Systembezug veränderungsoptimal und damit indiziert sein kann. Der Systembezug kann im gleichen Setting verändert werden, es kann aber auch notwendig sein, das Setting zu wechseln. Das Verständnis von Zusammenhängen zwischen intrapsychischen und interaktionellen Vorgängen ist ein Vorzug dieser Sichtweise.

Aus diesem Grund erscheint es uns wünschenswert, daß Psychotherapeuten Grundkenntnisse über die Möglichkeiten und Grenzen verschiedener therapeutischer Settings beim Vorliegen eines neurotischen Partnerkonfliktes haben. Über Einzel- und Gruppentherapie in solchen Fällen haben wir oben bereits geschrieben. Im folgenden sollen noch zwei im engeren Sinne paartherapeutische Verfahren diskutiert werden.

Bei akuten Krisen, manchen direkten Kollusionen und vielen Partnerkonflikten, die durch eine schnelle Dekompensation charakterisiert sind, ist eine Kurztherapie im paartherapeutischen Setting erfolgversprechend, vor allem, wenn relativ abgrenzbare Probleme oder Konflikte vorliegen. Solche *Paarkurztherapien* umfassen bei uns 5 bis 10 Paarsitzungen. Bei langsam dekompensierten Konflikten, die meist tiefere charakterologische Wurzeln haben, und gekreuzten Kollusionen hat sich uns eine *sukzessive Therapie beider Partner in zwei therapeutischen Systemen* bewährt: zunächst im paartherapeutischen Setting, anschließend in zwei parallelen, zeitlich auf etwa ein Jahr begrenzten psychoanalytisch orientierten Gruppen, wenn beide Partner dafür die nötigen persönlichen Voraussetzungen mitbringen (*Kreische* 1990a, 1990b). Die Voraussetzungen sind im wesentlichen die gleichen, die auch sonst für eine Gruppentherapie notwendig wären. Eine ausschließliche Behandlung im paartherapeutischen Setting ist bei internalisierten pathologischen Lösungen nicht indiziert. Hier kann eine Paartherapie zwar zu einer Verringerung des sekundären Krankheitsgewinns und damit zu einer vorübergehenden Symptombesserung führen. Diese Besserung ist aber meist nicht ausreichend stabil.

Insgesamt erscheinen uns bei Paarkonflikten Behandlungen mit Langzeitverfahren weniger geeignet. Dies gilt sowohl für die Psychoanalyse und die psychoanalytische Gruppentherapie über mehrere Jahre, als auch für psychoanalytisch orientierte Paartherapie. Unter dem Druck der häuslichen Konflikte versuchen nämlich viele Patienten, die Langzeittherapie in eine Kurzzeittherapie umzufunktionieren, in der es um das geht, was sie am meisten bedrängt. Das ist sehr verständlich, hat aber den Nachteil, daß der therapeutische Prozeß sich nicht breit entfalten kann und so durch die Begrenzung der Themen eine innere Umstrukturierung bei den Patienten behindert. Die besonderen Möglichkeiten einer Langzeittherapie werden so eingeschränkt. Die Angst vor einer weiteren Labilisierung der Beziehung führt oft zu einem Widerstand gegen das Manifestwerden der Übertragung. Die Patienten fürchten, sich emotional auf den Therapeuten einzulassen, weil sie eine solche Entwicklung ihrem Partner entfremden könnte, zu dem die Beziehung ohnehin schon labilisiert ist. Übertragungsphänomene werden deshalb verdrängt, geleugnet, verschoben oder sonstwie abgewehrt. Auch die Kooperation des Partners ist für ein langes Therapieverfahren meist schwer zu gewinnen. Bei einem Paarkonflikt empfiehlt es sich auch in jenen Fällen, in denen eine Analyse doch indiziert ist, eine Paar-Kurztherapie vorauszuschicken. Das geht natürlich nur, wenn es gelingt, beide Partner für eine Paartherapie zu motivieren. Die analytische Behandlung kann dann angeschlossen werden, wenn die Möglichkeiten der Paartherapie erschöpft sind.

Familientherapie halten wir für indiziert, wenn reale Abhängigkeit eine erhebliche Rolle spielt. Beim Leitsymptom *neurotischer Partnerkonflikt* kann das der Fall sein, wenn die Kinder des Paares stark in den Konflikt einbezogen und vielleicht sogar selbst bereits psychisch erkrankt sind, vor allem aber, wenn beim Patientenpaar noch starke Abhängigkeiten von den Herkunftsfamilien bestehen, wie es der Fall sein kann, wenn das Paar mit den Eltern oder Schwiegereltern im selben Haus oder enger Nachbarschaft wohnt. Sind die Kinder involviert, kann eine Paartherapie eher indiziert sein als eine Familientherapie, wenn die Beschäftigung des Paares mit den Kindern einen ausgeprägten Abwehrcharakter hat.

Beispiel 2:

Wir bekamen von einer Erziehungsberatungsstelle Herrn und Frau A. in unsere Ambulanz überwiesen, deren Kinder wegen schwerer depressiver Störungen nacheinander erfolgreich kindertherapeutisch behandelt worden waren. Anschließend erkrankte der Mann depressiv. Das Paar wußte zunächst gar nicht, was es in einer Paartherapie sollte, weil beide Partner die Ehe für völlig konfliktfrei hielten. In einer längeren Behandlung, in der dann schließlich auch die Frau depressive Symptome entwickelte, stellte sich dies als Verleugnung heraus. Die partnerschaftlichen Probleme waren erheblich, die Auseinandersetzung war bei beiden stark angstbesetzt, weil sie entsprechend ihrer depressiven Struktur befürchteten, eine offene Meinungsverschiedenheit könne zur Trennung führen, die keiner überstehen zu können glaubte. Die zugrundeliegenden depressiven Konflikte ließen sich erst bearbeiten, nachdem im geschützten Rahmen der Paartherapie ein Auseinandersetzungsstil erarbeitet und erprobt werden konnte, der weniger Angst machte. Am Ende der Therapie waren beide Partner und die Kinder symptomfrei, wenn auch die Ehe den Partnern nicht mehr so harmonisch erschien wie zu Beginn der Behandlung.

In solchen Fällen ist die Indikationsstellung für das paartherapeutische Setting ein Signal für die Eltern, sich mehr um die eigenen Probleme als um die der Kinder kümmern zu sollen, was sich in der Familientherapie nicht immer erreichen läßt. Manche Familientherapeuten führen die Behandlung in vergleichbaren Fällen deshalb auch in eine Paartherapie über.

Zur Paartherapie kommt das Paar gemeinsam. Die beiden Partner getrennt zu sehen, empfiehlt sich nicht, weil sonst jeder Befürchtungen haben kann, der Therapeut sei Bundesgenosse des anderen, mit dem er hinter seinem Rücken Wichtiges bespricht.

Meist ist es ein einzelner Therapeut oder eine einzelne Therapeutin, die mit dem Paar zusammenarbeiten. Paartherapie mit einem Therapeutenpaar wird außerhalb von Kliniken und Ambulanzen kaum durchgeführt. Das hat sicher Kostengründe. Außerdem dient in Kliniken und Ambulanzen die Zusammenarbeit eines Therapeutenpaares der Ausbildung, ein Faktor, der später in der Praxis wegfällt. Daß Behandlungen, die ein Therapeutenpaar durchführt, gerade im paartherapeutischen Setting zu heftigen Konflikten zwischen den Therapeuten führen kann, ist aus Kliniken bekannt, in denen so gearbeitet wird. Solche Konflikte lassen sich in einer Supervision allerdings meist bearbeiten und dann diagnostisch nutzbar machen. Häufig sind hier projektive Identifikationen von seiten des Patientenpaares im Spiel, die zu analogen oder komplementären Konflikten des Therapeutenpaares führen. Wir meinen, daß bei einem gut kooperierenden Therapeutenpaar, bei dem wenig Kompetenzunterschiede bestehen, dieses Setting diagnostische Vorzüge hat. Auf der anderen Seite ist uns aber keine Untersuchung bekannt, die nachweisen würde, daß die Ergebnisse mit einem Therapeutenpaar besser sind, als wenn ein Therapeut oder eine Therapeutin die Behandlung allein durchführt.

Daß ein Mann und eine Frau zusammen die Therapie führen sollten, wird manchmal auch aus der Vorstellung heraus empfohlen, es sollten Übertragungsauslöser für ein Elternpaar geboten werden. Dann wäre aber nicht einzusehen, warum in der Paartherapie ein Elternpaar angeboten werden soll und in der

Einzeltherapie nicht. Manchmal hört man das Argument, beide Partner in der Paartherapie sollten sich mit den Therapeuten identifizieren können. Warum muß das aber bei einer Paartherapie wichtiger sein als bei einer Einzeltherapie? Daß Patienten sich mit Therapeuten identifizieren, kann auch als Argument gegen ein Therapeutenpaar in der Ausbildung verwendet werden: Ist der weniger erfahrene Teil des Therapeutenpaares eine Frau, wird sie nicht gerade eine gute Identifikationsfigur für eine andere Frau mit schlechtem Selbstwertgefühl sein; ist die Frau erfahrener und kompetenter, wird sich der männliche Patient weniger gut mit dem Therapeuten identifizieren können. Es ist überhaupt fraglich, ob eine Identifikation mit dem Therapeuten über das hinaus erforderlich ist, was sich im Arbeitsbündnis entwickelt: eine Identifikation mit der Arbeitsweise und partiell mit der Sichtweise des Therapeuten. Dazu kommt, daß die Übertragung auf den Therapeuten und deren Bearbeitung, ähnlich wie in der psychoanalytisch orientierten Gruppe, auch in der psychoanalytisch orientierten Paartherapie eine geringere Bedeutung für die therapeutische Arbeit hat als in der Analyse. Wir sprechen sie meist nur dann an, wenn sie zum Widerstand wird, manchmal auch, wenn sich eine analoge Übertragung zu der auf den Partner entwickelt.

In manchen Paartherapien äußert die Frau oder der Mann die Vermutung, daß sich der gegengeschlechtliche Therapeut nicht oder nicht genug in sie oder ihn einfühlen könne. Eigentlich könne nur eine Frau eine Frau richtig verstehen und nur eine Mann einen Mann.

Manchmal teilen Therapeutinnen und Therapeuten diese Meinung ihrer Patientinnen und Patienten. Sie verstärken dann oft derartige Vorstellungen, die sich ja auch in der Beziehung des Mannes und der Frau, die zur Therapie gekommen sind, im Alltag auswirken. Hier wird das Einfühlungsvermögen in eine Person des anderen Geschlechts aber oft unterschätzt.

Man muß sich allerdings *bemühen,* sich in Erlebensweisen und Erfahrungen des anderen Geschlechts einzufühlen, es ist aber auch in weiteren Grenzen möglich, als es dieser Behauptung entspricht. Wahrscheinlich bestehen die Grenzen des Einfühlungsvermögens dort, wo wir in den Bereich von Anatomie oder Physiologie gelangen, zum Beispiel beim Menstruationserleben, beim Erleben von Schwangerschaft, Geburt oder dem Stillen eines Kindes, beim Gefühl, "unten offen oder geschlossen" zu sein, bei Empfindungen in druck- und stoßempfindlichen Körperbereichen, vor allem bei Brüsten und Hoden, bei der fehlenden Refraktärzeit nach dem Orgasmus bei Frauen und dem Vorhandensein einer Refraktärzeit bei Männern (vgl. S. 96). Unterschiedlich erleben Männer und Frauen auch das Altern und die biologische Fertilität. Weniger ausgeprägt sind diese Schwierigkeiten schon im Bereich der sozialen Erwartungen an Männer und Frauen, zum Beispiel der unterschiedlichen Bewertung von Aggressivität bei Männern und Frauen, bei der Benachteiligung von Frauen im Beruf, bei Bezahlung und Aufstiegsmöglichkeiten und deren Auswirkungen auf das Selbstwertgefühl, der Höherbewertung des sozialen Status bei vielen Männern, und umgekehrt der Höherbewertung der Familie bei vielen Frauen. Auch im Hinblick auf das Aussehen gibt es Unterschiede in der Bewertung. Von Frauen hört man manchmal sinngemäß: "Ein Mann kann aussehen wie der Glöckner von Notre Dame, wenn er im Leben etwas bewirkt, ist er dennoch attraktiv."

Die Befürchtung, nur von einem Partner des gleichen Geschlechts verstanden zu werden, ist eher ein bearbeitungsbedürftiges Problem, als daß ein Therapeut des Gegengeschlechts ein Hindernis für die Behandlung darstellen müßte. Ein möglicher Hintergrund für diese Überzeugung, vor allem, wenn sie sehr ausgeprägt ist, können eigene homosexuelle Latenzen sein. In jedem Fall aber ist es wichtig, daß sich der Therapeut darüber klar ist, in was sich einzufühlen ihm schwerfällt, und daß er sich um Einfühlung in diesen Bereichen bemüht.

Angehörige der oberen Mittelschicht neigen eher dazu, das Kommunizieren über die Beziehung zum Widerstand gegen eine Veränderung zu machen: Man redet viel über die Beziehung, ändert aber nichts. In der Unterschicht scheint es umgekehrt zu sein: Über die Beziehung wird wenig gesprochen, man ist aber eher bereit, etwas zu verändern oder auch Veränderungen vom Partner unmittelbar zu fordern, womit der Partner dann oft überfordert wird. Die Macht des Unbewußten ist in der Unterschicht noch wenig bekannt, in der oberen Mittelschicht findet sie als Ausrede Verwendung: Verhaltensweisen, die willentlich beeinflußt werden könnten, stellt man als unbewußt determiniert hin, um nichts ändern zu müssen.

Daß Frauen leichter über ihre Gefühle sprechen können als Männer, und daß sie oft therapiemotivierter sind, bestätigt sich auch in unserer Klientel; die Unterschiede sind in der oberen Mittelschicht größer als in der unteren Mittelschicht und oberen Unterschicht.

Paar-Kurztherapie im paartherapeutischen Setting

Am häufigsten führen wir Paar-Kurztherapien mit fünf bis zehn Sitzungen in zwei- bis vierwöchigen Abständen durch. Im Gegensatz zu anderen therapeutischen Settings (mit Ausnahme des familientherapeutischen) ist es bei der Paartherapie so, daß die beiden beteiligten Patienten auch zwischen den Sitzungen miteinander umgehen. Daher läuft der therapeutische Prozeß zwischen den Sitzungen auch interpersonell weiter, besonders wenn die Interventionen in den Therapiesitzungen frühzeitig die veränderungsrelevanten Ressourcen beider Partner ansprechen. Aus diesem Grunde sind längere Pausen zwischen den Therapiesitzungen zweckmäßig. Hält man sie nicht ein, kann es zu Überdosierungserscheinungen kommen, was dazu führt, daß das Paar die Abwehr erhöht. Ausnahmen von dieser Regel sind solche Paare, die sich in einem akuten Stadium destruktiver Auseinandersetzungen befinden. Hier ist es oft nötig, in kürzeren Abständen Therapiesitzungen anzubieten, manchmal sogar zu empfehlen, daß das Paar eine Zeitlang die Auseinandersetzung über die strittigen Themen nur in der Therapiesitzung, sozusagen im Schutz des Therapeuten führen soll.

Weil wir es in Paartherapien meist mit jahrelang eingefahrenen psychosozialen Abwehrmechanismen des Paares zu tun haben, ist die therapeutische Interventionstechnik oft aktiver und auch direktiver als in psychoanalytischen Einzel- oder Gruppentherapien.

In der ersten paartherapeutischen Sitzung fragen wir, was die Partner herführt, und beobachten, ob einer gleich zu reden anfängt, ob zuerst ein verbaler oder nonverbaler Austausch darüber erfolgt, wer reden soll, oder ob nur pro forma gefragt wird. Später wird sich herausstellen, ob derjenige Partner angefangen hat, der die Initiative zur Therapie ergriffen hatte. Oft hat die Frau die Therapie initiiert, der Mann beginnt aber. Der Mann kann aber auch sagen: "Fang Du an", und damit andeuten, daß die ganze Therapie eigentlich mehr eine Angelegenheit der Frau sei.

Das zuerst präsentierte Problem ist nicht immer das zentrale.

Beispiel 3:

In einem Fall, der Mann war arbeitslos, wurde zunächst über alle möglichen Unstimmigkeiten gesprochen; die Arbeitslosigkeit sei etwas, womit man fertigwerde. Im weiteren Verlauf der Therapie stellte sich heraus, daß die Arbeitslosigkeit zentral war. Sie aktivierte Selbstwertkonflikte des Mannes und Enttäuschung und Entwertung von seiten der Ehefrau, die sich einen Jupitermann gewünscht hatte.

Über sexuelle Probleme wird im Erstkontakt häufiger gesprochen, wenn das Paar darunter leidet, als bei anderen Erstkontakten. Wer wegen eines Paarkonfliktes in Therapie geht, hat sich oft schon entschlossen, auch über Sexualität zu reden, wenn auch vielleicht nicht in den ersten Minuten der Sitzung. Andererseits fühlen sich manche Paare von einer Konsultation abgehalten, weil das Problem ein sexuelles ist.

Viele Probleme, die Paare in unsere Ambulanz führen, sind chronifiziert, die Dekompensation hat sich langsam eingestellt. Bei anderen wieder hat ein plötzliches oder plötzlich von einem der Partner entdecktes Ereignis, zum Beispiel ein Fremdgehen eines Partners, zur Krise geführt. Hier waren dann oft Leugnungsmechanismen im Spiel; Anzeichen, die auf eine Außenbeziehung hinwiesen, konnten aus inneren Gründen nicht wahrgenommen werden.

Hat eine Außenbeziehung zur Konsultation geführt, ist diese nicht selten aus Unzufriedenheit mit etwas entstanden, was zwischen dem Paar nicht ausgesprochen wurde, aber relativ leicht zu bearbeiten und zu bewältigen ist. Diese Fälle gehören zu denen, die noch am leichtesten zu behandeln sind.

Hat die Dekompensation langsam stattgefunden, handelt es sich meist um schwerere Fälle. Man lebt schon lange miteinander, hat sich aber nicht zusammen-, sondern auseinandergelebt; unbefriedigende Aspekte der Beziehung wurden bewußt oder unbewußt lange Zeit "übersehen", weil soziale Bindungen schwer zu lösen gewesen wären oder weil das Alleinsein aus verschiedenen Gründen gefürchtet wurde. Aus welchen Gründen Kollusionen dekompensieren können, wurde im Kapitel *Partnerwahl und Kollusion* (S. 13ff.) ausgeführt; auch wann Veränderungen im äußeren Beziehungsfeld eine Ehe in die Krise bringen können, weil Beziehungserwartungen von außen in die Paarbeziehung verlagert werden, wenn jemand nicht mehr verfügbar ist, der sie bislang erfüllt hat.

Manche Paar-Kurztherapien sind Kriseninterventionen.

Beispiel 4:

Zu einer Krisenintervention bestellten wir Herrn und Frau B. ein, nachdem wir von der Frau am Telefon erfahren hatten, daß sie einen Termin für einen Schwangerschaftsabbruch bereits ausgemacht hatte, daß sie und ihr Mann diese Entscheidung aber noch einmal besprechen wollten. In diesem Gespräch, das wir gleich am kommenden Tag einrichteten, berichteten beide Partner darüber, daß die Entscheidung für den Schwangerschaftsabbruch eigentlich feststehe. Ein Jahr zuvor hatten sie schon einmal einen Schwangerschaftsabbruch herbeigeführt, nach dem die Frau längere Zeit in eine depressive Krise geraten war. Diese Erfahrung war einer der Gründe dafür, daß das Paar zu uns kam. Die Partner wollten den Schwangerschaftsabbruch dieses Mal besser vorbereiten, um einer solchen depressiven Entwicklung vorzubeugen.

Der Therapeut hatte dann aber doch Zweifel, ob neben diesen bewußten Motiven des Paares nicht noch anderes vorhanden war. Herr und Frau B. erschienen im Gespräch in besonders starkem Maße aufeinander bezogen und abhängig voneinander. Der Therapeut bat den Mann und die Frau, sich zunächst still zu überlegen, wie sie sich wohl entscheiden würden, wenn sie die Entscheidung ganz allein zu treffen hätten und den anderen überhaupt nicht berücksichtigen müßten. Als beide zu verstehen gaben, daß sie sich entschieden hätten, bat er sie, diese Entscheidung auszusprechen. Es stellte sich heraus, daß keiner von ihnen den Schwangerschaftsabbruch wollte.

Im weiteren Gespräch wurde dann deutlich, daß beide Partner der festen Überzeugung gewesen waren, der andere wolle den Schwangerschaftsabbruch, und daß sie es in dieser Situation für selbstverständlich gehalten hatten, den eigenen Wunsch zurückzustellen. Sie wollten ein Kind nur dann bekommen, wenn wirklich beide Eltern dies wollten.

Die Schwangerschaft wurde nun ausgetragen, und beide waren froh über diese Entscheidung, wie wir ein paar Jahre später von ihnen erfuhren. In zwei weiteren Gesprächen wurden einige Hintergründe des defensiven Verhaltens von Herrn und Frau B. bearbeitet. Mit den Einsichten und Erfahrungen aus diesen wenigen Sitzungen gingen die beiden dann allein weiter miteinander um, was sicher durch die Tatsache erleichtert wurde, daß einer der beiden Partner zuvor bereits eine Psychoanalyse gemacht hatte.

Eine andere Paartherapie wurde zur Krisenintervention, obwohl etwas anderes geplant war.

Beispiel 5:

Frau C. war wegen einer schweren Agoraphobie, Herzphobie und depressiver Verstimmungen mehrere Monate in stationärer psychotherapeutischer Behandlung gewesen, in der auch schon Paargespräche geführt worden waren. Dem Ehepaar war nach der Entlassung der Frau eine ambulante Weiterbehandlung im paartherapeutischen Setting empfohlen worden. Durch den vorangegangenen Klinikaufenthalt war die Frau als Patientin indiziert worden, der Mann war der phobische Begleiter, durch dessen Verhalten die Phobie stabilisiert wurde, was in der Paartherapie bearbeitet werden sollte.

Im ersten ambulanten Paargespräch stellte sich aber heraus, daß der Mann eine organische Herzerkrankung hatte, die dringend operiert werden mußte. Diese Operation und die notwendigen Untersuchungen schob er immer wieder hinaus, weil er sich um seine phobische Frau kümmern mußte, die das Haus nicht mehr verlassen konnte und die sogar für die tägliche Hausarbeit ihre Mutter hinzuzog, weil sie sich gar nichts mehr zutraute. Über sein krankes Herz sprach der Mann wie über einen defekten Automotor, während die Frau über die notwendige Operation ihres Mannes anmerkte: "Ich weiß nicht, ob *ich* das überstehen werde."

Schon im ersten Paargespräch zeichnete sich folgende Psychodynamik ab: Der Mann war für die phobische Frau notwendig und einengend zugleich. Die Nachricht über die Erkrankung des Mannes hatte im Bewußtsein der Frau die Angst mobilisiert, ihn zu verlieren und dann hilflos zurückzubleiben, gleichzeitig im Unbewußten den aggressiven Impuls gegenüber dem einengenden Helfer: Wenn er stirbt, bin ich ihn endlich los. Wie häufig bei der Herzphobie, war der Partner für die Frau in deren eigener Einschätzung für das Überleben so notwendig wie das eigene Herz, so daß der aggressive Impuls gegenüber diesem lebensnotwendigen Objekt zum Ausbruch der Herzphobie führte. Für den Mann hatte die Erkrankung der Frau den "Vorteil", daß er sich so intensiv um die Frau kümmern mußte, daß er für eigene Ängste und Depressionen "keine Zeit" hatte.

Um diese Psychodynamik zu bearbeiten, war nicht genügend Zeit vorhanden. Stattdessen bearbeitete der Therapeut die Widerstände des Mannes gegenüber der dringend notwendigen Operation. Als diese erfolgreich verlaufen war, verschwand die Symptomatik der Frau, und beide Partner waren zur weiteren Therapie nicht mehr motiviert. Das phobische Arrangement blieb wahrscheinlich erhalten.

In vielen Paar-Kurztherapien geht es aber um mehr.

Beispiel 6:

Frau und Herr D. waren seit 10 Jahren verheiratet. Seit drei Jahren drohte die Ehe zu dekompensieren, weil der Mann sich durch das offene Flirtverhalten seiner Frau, gegen das er protestierte, mißachtet fühlte, wodurch sich wiederum die Frau eingeengt fühlte. Als die beiden sich kennenlernten, war er für sie ein "Sozialfall", der mit der Trennung von seiner ersten Frau schwer fertig wurde und Hilfe brauchte; gleichzeitig wirkte er auf sie aber spontan und lebendig. Er war glücklich, daß die Frau sich für ihn interessierte, weil er sich selbst so eingeschätzt hatte, daß man sich nicht für ihn interessieren könne. Er begab sich in eine Abhängigkeitsposition. Sie war glücklich, angehimmelt zu werden und ihn versorgen zu können, ohne sich dabei besonders anstrengen zu müssen.

Der bewußte Therapieauftrag von Herrn und Frau D. sah so aus: Er wollte sich aus seiner Abhängigkeitsposition herausarbeiten, sie aus ihrer immer anstrengender werdenden Dominanzrolle. Das führte zu heftigen Turbulenzen, Streitigkeiten und Konflikten. Dabei hatte Herr D. immer wieder die Angst, seine Frau könne ihn verlassen, und allein müßte er untergehen. Frau D. litt mehr unter der Angst, der Mann könne sie vereinnahmen, krallen, ihr die Luft nehmen, und sie könne nichts eigenes mehr machen.

In der Paartherapie stellte sich als gemeinsamer oberflächennaher Konflikt eine phallisch-hysterische Problematik heraus: Das Selbstwertgefühl von Frau D. hing in hohem Maße vom Bewundertwerden durch Männer ab, sein Selbstwertgefühl davon, daß es ihm gelang, die Aufmerksamkeit seiner Frau von anderen Männern wegzuziehen und auf ihn zu richten. Beiden ging es dabei um das Anerkanntwerden als Mann beziehungsweise als Frau durch den anderen. Sie waren in einen Teufelskreis geraten, in dem sie sich gegenseitig kränkten, mit der Folge, daß der andere gerade das nicht mehr erbringen konnte und wollte, was jeder sich am meisten wünschte .

Als deutlich wurde, daß die Bedürfnisse des jeweils anderen den eigenen sehr ähnlich waren, nahm das gegenseitige Einfühlungsvermögen langsam wieder zu, beide Partner gingen behutsamer miteinander um und vermieden, sich weiterhin als "Flittchen" und "Schlappschwanz" zu beschimpfen, womit sie sich gerade an ihren empfindlichsten Stellen in eskalierender Weise gegenseitig verletzt hatten. Eine wichtige therapeutische Intervention in diesem Prozeß, mit der der Therapeut auf die positiven Ressourcen in der Beziehung abhob, wurde möglich, als beide darüber sprachen, daß in Zeiten äußerer Belastung das Zusammenleben der beiden besser war als sonst. Der Therapeut konnte an dieser Stelle darauf hinweisen, daß beide Partner offensichtlich doch nicht so schwach waren, wie sie vielleicht glaubten, sonst wäre zu erwarten gewesen, daß gerade in Krisenzeiten keine Kräfte mehr übrig wären und daß die Beziehung in solchen Zeiten besonders schlecht liefe. Da diese Anerkennung der Stärken beider Partner den Mann und die Frau gleichermaßen betrafen, konnte sie von beiden angenommen und allmählich übernommen werden. Dadurch sank die Bedürftigkeit nach Anerkennung durch den anderen und gleichzeitig nahm anerkennendes Verhalten zu und depotenzierendes Verhalten ab.

Die Paartherapie wurde über 10 Sitzungen in vier- bis sechswöchigen Abständen durchgeführt.

Paartherapie in zwei parallelen Gruppen

Liegt eine schwere Charakterpathologie vor, oder handelt es sich bei dem Paar um eine gekreuzte Kollusion, schließen wir oft an eine Paar-Kurztherapie eine psychoanalytisch orientierte Gruppentherapie für beide Partner in zwei getrennten Gruppen an. Beide Gruppen leitet derselbe Therapeut, der auch die Paartherapie durchgeführt hat.

Bei gekreuzten Kollusionen kommt man im paartherapeutischen Setting oft schon nach wenigen Sitzungen in Schwierigkeiten. Bei dem einen Partner sind Konflikte oberflächennah, die bei dem anderen ebenfalls vorhanden, aber stärker abgewehrt sind und umgekehrt. Arbeitet man in den Paarsitzungen an einem Konflikt, der für den einen Partner bewußtseinsnah ist, spricht man damit die Latenz des anderen Partners an, der hierdurch stark beunruhigt wird und Abwehrmechanismen einsetzt, um den Prozeß zu verlangsamen oder zum Erliegen zu bringen. Dieses Verhalten ist verständlich, weil für den Partner, der die Abwehr in Gang setzt, der Prozeß zu schnell und zu beunruhigend wird.

Die häufigsten paarspezifischen Abwehrmanöver sind die *psychosozialen Kompromißbildungen.* Solche Abwehrformen sind in der Regel seit Jahren "eingeübt". Sie werden durch typische Signale von dem einen oder anderen Partner ausgelöst. Diese Signale können verbaler oder, noch häufiger, nonverbaler Art (vgl. S. 105ff) sein. Vor allem die nonverbalen Signale, wie zum Beispiel ein verächtlicher Tonfall oder eine abfällige mimische Geste, setzen dann, um ein häufiges Beispiel für ein solches psychosoziales Abwehrmanöver zu nennen, typische Streitmuster in Gang, mit denen sich beide Partner gut auskennen, so daß gewährleistet ist, daß sich beide während der Auseinandersetzung sicher fühlen können. Solche Streitigkeiten sind dadurch gekennzeichnet, daß sie fruchtlos verlaufen.

Psychosoziale Kompromißbildungen eines Paares sind oft besonders stabile Abwehrformen, die sich im paartherapeutischen Setting schwer bearbeiten lassen. Dazu kommt, daß partnerschaftliche Konflikte unterschiedlichster Herkunft, wenn sie nur lange genug dauern, in einen Machtkampf einzumünden pflegen, in dem dann das, was jeder sich sehr wünscht, aber auf andere Weise bislang nicht erreichen konnte, erzwungen werden soll.

In einem solchen fortgeschrittenen Stadium des Partnerkonflikts ist das Aufgeben einer eigenen Kampfposition oder das Zugeben einer eigenen Schwäche meist nur starken Partnern möglich, die sicher sein können, daß sie sich auch dann noch zur Wehr setzen können, wenn der andere von einer freiwillig gezeigten Schwäche unfairen Gebrauch machen sollte. Scheinbar paradoxerweise sind es deshalb oft gerade Aggressions*hemmungen,* die dazu führen, daß im Ehestreit nicht aufgehört wird zu kämpfen.

Durch die vorangegangenen Paargespräche erlangt die Gruppentherapie Aspekte einer Fokaltherapie, in der partnerschaftliche und zwischenmenschliche Probleme besonders stark in den Focus der Aufmerksamkeit geraten. Mit Gruppenmitgliedern, die geeignete Übertragungsauslöser bieten, kommen die Patienten früher oder später in ähnliche Konflikte wie mit dem Partner zuhause. In der Gruppe ist aber die Chance wesentlich höher, die eigenen Anteile am Zustandekommen solcher Konstellationen zu erkennen, gerade weil der andere nicht dabei ist. In der Paartherapie hält sich die innere Überzeugung, daß der Partner, und nicht man selbst das Hauptproblem darstellt, oft außerordentlich lang, selbst wenn verbal beteuert wird, daß an einem Ehekonflikt ja immer beide beteiligt seien, was vor allem intellektuelle Paare "wissen", ohne davon innerlich überzeugt zu sein.

Der Verlauf einer Paartherapie in zwei parallelen Gruppen hat oft Ähnlichkeit mit folgendem kasuistischen Beispiel:

Beispiel 7:

Frau und Herr E. waren zur Behandlung gekommen, weil Frau E. immer wieder in schwere in depressive Krisen geriet, durch die Herr E. sich zunehmend überfordert fühlte. In der Gruppe bemerkte Herr E., daß er sich sehr bald in die Rolle des Helfers gegenüber fast allen anderen Gruppenmitgliedern begeben hatte, die fest davon überzeugt waren, daß er keine eigenen Probleme habe. Er war verunsichert und überrascht, als er erfuhr, daß er auf andere nicht nur überlegen, sondern auch kühl und distanziert wirkte. Frau E. war nicht nur in der Ehe, sondern bald auch in der Gruppe in einer infantil-regressiven Position, die die anderen Gruppenmitglieder dazu brachte, ihr nichts zuzutrauen und sie sehr zu schonen. In ihrer Gruppe war es der Therapeut, der früher als die Gruppenmitglieder weniger schonend mit ihr umging und ihr mehr zutraute. Die Gruppenmitglieder bemerkten schnell, daß hierdurch nichts Schlimmes passierte, im Gegenteil, daß Frau E. offensichtlich mehr leisten konnte, als sie selbst glaubte, wenn ihr mehr zugetraut wurde. So veränderte sich nach und nach das Erleben und Verhalten der beiden Partner, zunächst in den Gruppen, dann außerhalb der Gruppen mit anderen Menschen und zuletzt auch in der Partnerbeziehung.

In den Gruppen werden die Partner aus dem "System Paarbeziehung" darüber hinaus zu Mitgliedern eines alternativen Systems (*Garland* 1982). In der Gruppe gelten andere Gesetzmäßigkeiten und Regeln und finden sich andere Einstellungen und Verhaltensdispositionen als in der Paarbeziehung, aber auch als in der Herkunftsfamilie. Der Eintritt in ein neues System ist besonders gut geeignet, Veränderungsimpulse auszulösen, die meist stärker sind als beim Eintritt in eine neue Situation innerhalb desselben Systems (*Kreische* 1990b). Auch hierdurch lassen sich in diesem Setting sowohl charakterologisch bedingte Schwierigkeiten als auch rigide psychosoziale Kompromißbildungen von Paaren bearbeiten, so daß Umstrukturierungen bei beiden Partnern in der Paarbeziehung wieder möglich werden.

Gegenübertragungsreaktionen eines Therapeuten gegenüber einem Paar

Wohl alle Therapeuten wünschen sich, bei ihren Patienten möglichst viel bewirken zu können. Wenn man viel bewirken kann, hat man aber auch viel Verantwortung.

Ein älterer Oberarzt in der Klinik, in der *K. König* seine internistische Fachausbildung machte, verabschiedete sich von Patienten, bei denen er zur Konsultation gerufen worden war, regelmäßig mit den Worten: "Gute Besserung!" Er signalisierte damit absichtlich, daß nicht er die Verantwortung für den Krankheitsverlauf übernommen habe, sondern daß dieser auch von den Gesundungskräften des Patienten und vielleicht von dem Eingreifen einer höheren Macht abhänge.

Das war vor gut 20 Jahren. Heute kann die innere Medizin in manchen Bereichen mehr ausrichten. Noch mehr gestiegen sind aber die Erwartungen, angeheizt durch die Erfolge der operativen Fächer. Etwas davon überträgt sich auch auf die Psychotherapie. Die Patienten erwarten, daß ein Therapeut ihre Probleme löst und hilft, etwas ungeschehen zu machen, was doch nicht ungeschehen gemacht werden kann, weil es gelebt worden ist. Man kann allenfalls umkehren oder einen anderen Weg wählen, man kann den begangenen Weg nicht auslöschen. Schwierigkeiten in Beziehungen, die lange Jahre gedauert haben, verbrauchen Lebenszeit, die nicht ersetzt werden kann, hemmen Entwicklungen, die zu einer bestimmten Lebensphase gehören und später nicht nachzuholen sind, bewirken, daß biologische Möglichkeiten, wie zum Beispiel die Möglichkeit, Kinder zu bekommen, nicht genutzt werden.

Obwohl die Möglichkeiten einer Psychotherapie schon aus all diesen Gründen begrenzt sind, haben manche Therapeuten die uneingestandene und unreflektierte Illusion, sie könnten ihre Patienten in dem Sinne beglücken, daß diesen ein ganz neues Leben möglich werde. Solche Heilerphantasien werden manchmal in einer Ehepaartherapie noch dadurch verstärkt, daß der Therapeut in die Rolle eines Kindes geraten kann, das ein Elternpaar zusammenhalten will (*Kreische* 1986). Aus Supervisionen wissen wir, daß diese Gegenübertragungsreaktion vor allem bei jüngeren Paartherapeuten auftritt, und daß sie schon deshalb sehr häufig ist, weil ein Paar für den Therapeuten einen besonders markanten Übertragungsauslöser darstellt: für eine Elternübertragung. Umgekehrt stellt der jüngere Therapeut, der sich ja in der Rolle des professionellen Helfers befindet, für ein Paar einen markanten Übertragungsauslöser für die Übertragung eines parentifizierten Kindes dar. Wenn man jetzt noch bedenkt, daß sich viele Therapeuten in ihrer Kindheit in der Rolle eines parentifizierten Kindes befunden haben (*Sperling*, *Klemann* et al. 1980, *Reich* 1984), so wird plausibel, daß im paartherapeutischen Setting Übertragungsbereitschaften aller beteiligten Personen zu problematischen Kollusionen führen können, in die der Therapeut einbezogen sein kann, und durch die er in seiner therapeutischen Wirksamkeit behindert wird.

Manchen Therapeuten geht es auch um das Heilen einer Beziehung zwischen ihnen selbst und einem inneren Objekt. Sie externalisieren Anteile ihres Selbst, übertragen Aspekte ihrer inneren Objekte auf die Patienten und versuchen, sie in den Patienten zu therapieren. Auch aus diesem Grund erscheint eine analytische Selbsterfahrung für einen Paartherapeuten und für Paarberater eigentlich unverzichtbar, was nicht heißt, daß sie die Externalisierung von Selbstanteilen und inneren Objekten verhindern kann. Sie kann aber oft verhindern, daß dies unbemerkt und unreflektiert geschieht.

Im übrigen muß es nicht in jedem Fall ungünstige Auswirkungen haben, wenn ein Therapeut zum Beispiel ein Mutterobjekt oder ein Vaterobjekt auf eine Patientin oder einen Patienten (manchmal auch unabhängig von deren Geschlecht) überträgt. Die Gefahr ist zum einen, daß der Patient in seinem tatsächlichen So-Sein verkannt wird. Außerdem kann eine vom Therapeuten unbemerkte Übertragung auf die Patienten dazu führen, daß dem Therapeuten seine Beziehung zum verkannten Patienten wichtiger wird als die therapeutische Arbeit. Der Therapeut kann auch ein Elternpaar auf das Patientenpaar übertragen und dann versuchen, den Konflikt seiner Eltern im Paar aufzuklären und zu lösen. Das hat dann manchmal die Folge, daß Konfliktaspekte bei dem Paar gesehen und bearbeitet werden, die bei dem Patientenpaar einen geringeren Stellenwert haben, als sie beim Elternpaar des Therapeuten hatten.

Es liegt nahe, daß der Therapeut auch versucht sein kann,

sich als besserer Partner zu erleben und darzustellen. Diese Gefahr ist wohl in einer Paartherapie geringer als in einer Einzeltherapie, weil der Therapeut gleichsam durch den Partner kontrolliert wird. Er wird in der therapeutischen Dreiersituation wohl auch aus diesem Grund besonders darauf achten, nicht in eine solche Rivalitätssituation zu geraten.

In einer Einzeltherapie ist der Partner nicht anwesend. Der Therapeut fühlt sich auch nicht, wie in einer Paartherapie, beiden Partnern in gleichem Maße verpflichtet und gerät, wenn ein Paarkonflikt besteht, leicht in die Rolle des Anwalts des Patienten oder der Patientin. Hat der Patient ein anderes Geschlecht als der Therapeut, liegt es natürlich besonders nahe, sich als der bessere heterosexuelle Partner des Patienten anzubieten, ohne das bewußt zu intendieren. Aber auch, wenn sich der Therapeut als besserer Vater oder bessere Mutter anbietet, kann das vom Patienten so erlebt werden, daß er sich als Partner anbietet, nämlich dann, wenn Vater- oder Mutteraspekte im Partner gesucht werden, was ja meist, allerdings in verschiedenem Ausmaß, der Fall ist.

Einzeltherapeuten, die auch mit Paaren und Familien arbeiten, beachten auch im dyadischen Setting den abwesenden Partner oft stärker als Therapeuten, die diese Erfahrungen nicht haben. Wir sahen allerdings auch das Gegenteil: Therapeuten, die zur Familientherapie kamen, um ihren "Auftrag" als parentifizierte Kinder weiter zu erfüllen, genießen es manchmal sehr, im Einzeltherapiesetting endlich einmal eindeutig Partei für das "arme Kind" ergreifen und die "lästigen Dritten" parteiisch bekämpfen zu können. Hier liegt meist ein Protest gegen eine Überlastung in der eigenen Kindheit des Therapeuten zugrunde, die mit der Parentifizierung einhergeht, weil Erwachsenenfunktionen übernommen werden mußten, für die das Kind eigentlich noch nicht reif war. Parentifizierte Kinder übernehmen beispielsweise Verantwortung für Geschwister, die sie dann erziehen, anstatt wie andere Gleichaltrige zu spielen. Die Parentifizierung hat aber auch ihre attraktive Seite; das Kind gewinnt durch sie an Einfluß und Bedeutung in der Primärfamilie. Werden solche Kinder später Psychotherapeuten, dann kommt es vor, daß sie im paar- oder familientherapeutischen Setting die attraktive Seite der Parentifizierung ausleben und nun das professionell tun, was sie schon von Kindheit an gewohnt sind. Sie sind in der "Elternrolle", genau genommen in der Rolle eines

Kindes, das die Elternrolle übernommen hat; die Patienten sind die "Kinder", genau genommen die Geschwister, die wie Kinder "erzogen" werden.

Im einzeltherapeutischen Setting leben solche Therapeuten dann oft die Protestseite aus. Sie infantilisieren ihre Patienten, auf die sie die Rolle des parentifizierten Kindes mit ihren Belastungsseiten projizieren oder, wenn diese Patienten ebenfalls parentifizierte Kinder waren, blenden sie die attraktive Seite dieser Rolle aus und bekämpfen die vermeintliche Überforderung dieser Patienten durch Dritte, wobei sie manchmal übersehen, daß die Patienten ja inzwischen erwachsen geworden sind und manche Forderungen von Dritten für sie gar keine Überforderung mehr darstellen. Zumindest in psychoanalytischen Ausbildungsinstituten läßt sich das mit dem Therapeuten durch die Kombination von Lehranalyse und Behandlungssupervision erfreulicherweise gut bearbeiten.

Sind die Gegenübertragungsgefühle gegenüber dem Patienten oder der Patientin positiv, fördert das die Identifikation mit dem Patienten. Der Therapeut kann dann denken: "Wenn ich einen solchen Partner oder eine solche Partnerin hätte, wüßte ich nicht, wohin ich ihn oder sie jagen sollte, ich hätte mich schon längst getrennt." Er kann dann die Aspekte bevorzugt bearbeiten, die für eine Trennung sprechen, und Aspekte vernachlässigen, die dagegen sprechen. Das liegt besonders nahe, wenn der Therapeut eine Trennung hinter sich hat, die sich für sein Leben im ganzen günstig ausgewirkt hat oder von der er oder sie annimmt, daß sie das Richtige war.

Sind die Gegenübertragungsgefühle eher aggressiv, kann sich der Therapeut mit dem abwesenden Partner identifizieren und zum Beispiel denken: "So schlecht, wie der Patient oder die Patientin ihn oder sie macht, kann er oder sie gar nicht sein." Der Therapeut wird dann vielleicht eher Aspekte, die für eine Trennung sprechen, als Widerstand gegen ein Zusammenbleiben auffassen und in diesem Sinne bearbeiten.

Bereut der Therapeut eine Trennung in seiner eigenen Biographie, so kann sich das ähnlich auswirken. Auch hier wird er vielleicht Aspekte, die für eine Trennung sprechen, als Widerstand gegen das Durchhalten der Beziehung auffassen und zu bearbeiten suchen, um den Patienten vor einer Trennung zu bewahren.

Was Widerstand in einer Therapie ist, bestimmt ja der Therapeut unter Berücksichtigung seiner theoretischen Annahmen. Er kann es dabei nicht immer vermeiden, durch die eigene Lebenserfahrung richtunggebend beeinflußt zu werden. Die Erfahrungen mit den Schicksalen der Patienten wirken da korrigierend. Die Wahrnehmung dessen, was ein Therapeut vom Patienten erfährt, wird aber durch die Erfahrungen der eigenen Biographie im Sinne einer Selektion beeinflußt; der Therapeut nimmt vorwiegend das wahr, was die eigenen Lebenserfahrungen bestätigt. Ob zum Beispiel ein Patient eine Trennung später bereut oder gut damit zurechtkommt und sich besser entwickelt, als es in der aufgegebenen Beziehung möglich gewesen wäre, erfährt der Therapeut ja meist nicht. Katamnesen werden in der Regel nur von Therapeuten durchgeführt, die an einer Institution arbeiten, nicht in einer Praxis, und vor allem in großen Städten erfährt der Therapeut vielleicht nie etwas über das weitere Schicksal des Patienten.

Der Erfolg einer Paartherapie wird von Laien oft daran gemessen, ob eine Beziehung erhalten bleibt. Eine Trennung wird als Mißerfolg gewertet. Wenn bekannt wird, daß viele Patienten sich trennen, die zu einem bestimmten Therapeuten in Paartherapie kommen, kann der Eindruck entstehen, der Therapeut sei wenig erfolgreich und deshalb auch wenig kompetent.

Ein Therapeut, der dazu neigt, eher auf eine Trennung der Partner hinzuarbeiten, weil er sich selbst früher einmal mit positiven Auswirkungen auf sein weiteres Leben getrennt hat, kann durch diese Beurteilung veranlaßt werden, das eigene therapeutische Verhalten zu modifizieren. Therapeuten, die einseitig darauf hinarbeiten, daß Beziehungen erhalten bleiben, werden in dieser Einstellung bestärkt.

Da die Trennung eines Paares sozial auffällig ist, kann eine Tätigkeit als Paartherapeut dem Therapeuten auch bezüglich seiner Tätigkeit außerhalb des paartherapeutischen Settings schaden, eben weil die Erwartung, in einer Paartherapie müsse eine Trennung verhindert werden, besonders verbreitet ist. Bei Einzeltherapien wird schon eher angenommen, daß es um die Selbstverwirklichung des Patienten geht, und daß es für seine Entwicklung gut sein kann, wenn er sich von seinem Partner emanzipiert, auch wenn die Emanzipation schließlich zu einer Trennung führt. Vielleicht ist das einer der Gründe, warum Psychoanalytiker, die Paartherapie eigentlich interessant finden, sich dennoch wenig oder nicht als Paartherapeuten betätigen.

Was Paare in Therapeuten auslösen können, sollten aber auch Psychotherapeuten wissen, die selbst nicht mit Paaren arbeiten; denn viele ihrer Patienten haben Partner.

Zitierte Literatur

Albee, E. (1964): Who's afraid of Virginia Woolf? A play. Cape, London.

Argyle, M. u. *Henderson, M.* (1985): The anatomy of relationships. Heinemann, London.

Balint, M.; *Ornstein, P.H.* u. *Balint, E.* (1973): Fokaltherapie. Suhrkamp, Frankfurt a.M. [Engl.: Focal psychotherapy. Tavistock, London, 1972].

Bateson, G.; *Jackson, D.D.*; *Haley, J.* u. *Weakland, J.H.* (1956): Toward a theory of schizophrenia. Behavioral Science 1, 251-264.

Beauvoir, S. de (1983): Zeremonie des Abschieds. Gespräche mit Jean Paul Sartre August-September 1974. Rowohlt, Reinbek.

Bischof, N. (1985): Das Rätsel Ödipus. Piper, München.

Bleuler, M. (1976): Prävention der Schizophrenien. In: *Huber, G.* (Hrsg.): Therapie, Rehabilitation und Prävention schizophrener Erkrankungen. Schattauer, Stuttgart.

Brocher, T. (1967): Gruppendynamik und Erwachsenenbildung. Westermann, Braunschweig.

Chasseguet-Smirgel, J. (1987): Das Ich-Ideal. Suhrkamp, Frankfurt a.M.

Chomsky, N. (1969): Aspekte der Syntax-Theorie. Suhrkamp, Frankfurt a.M.

Dicks, H.V. (1967): Marital tensions. Routledge & Keagan Paul, London.

Dührssen, A. (1988): Dynamische Psychotherapie: Ein Leitfaden für den tiefenpsychologisch orientierten Umgang mit Patienten. Springer, Berlin/ Heidelberg/New York.

Erikson, E.H. (1976): Identität und Lebenszyklus. Suhrkamp, Frankfurt a.M., 3. Auflage.

Ermann, M. (1985): Die Fixierung in der frühen Triangulierung. Forum Psychoanal. 1, 93-110.

Fisher, S. (1976): Orgasmus: sexuelle Reaktionsfähigkeit der Frau; Psychologie, Physiologie, Phantasie. Hippokrates, Stuttgart.

Freud, A. (1956): Die Diagnose von Borderline-Fällen. Die Schriften der Anna Freud, Bd. VII. Kindler, München 1980.

Freud, A. (1974): Entwicklungs-Psychopathologie aus psychoanalytischer Sicht. Die Schriften der Anna Freud, Bd. X. Kindler, München 1980.

Freud, S. (1905): Drei Abhandlungen zur Sexualtheorie. Gesammelte Werke, Bd. V. Fischer, Frankfurt a.M.

Freud, S. (1916-1917): Vorlesungen zur Einführung in die Psychoanalyse. Gesammelte Werke, Bd. XI. Fischer, Frankfurt a.M.

Freud, S. (1921): Massenpsychologie und Ich-Analyse. Gesammelte Werke, Bd. XIII. Fischer, Frankfurt a.M.

Freud, S. (1930): Das Unbehagen in der Kultur. Gesammelte Werke, Bd. XIV. Fischer, Frankfurt a.M.

Fromm-Reichmann, F. (1948): Notes on the development of treatment of schizophrenia by psychoanalytic psychotherapy. Psychiatry 11, 263-273.

Fürstenau, P. (1985): Konsequenzen der systemtheoretischen Orientierung für die psychoanalytische Gruppentherapie. In: *Kutter, P.* (Hrsg.), Methoden und Theorien der Gruppenpsychotherapie. Frommann-Holzboog, Stuttgart/Bad-Canstatt.

Garland, S: (1982): Group-analysis: Taking the non-problem seriously. Group Analysis 15, 4-14.

Grotjahn, M. (1983): Group communication and group therapy with the aged. In: *Grotjahn, M.*; *Kline, F.M.* u. *Friedmann, C.T.H.* (Hrsg.); Handbook of group psychotherapy. Van Nostrand Reinhold, New York.

Grunberger, B. (1976): Vom Narzißmus zum Objekt. Suhrkamp, Frankfurt a.M.

Gurman, A.S. (1978): Contemporary marital therapies: a critique and comparative analysis of psychoanalytical, behavioral and systems theory approaches. In: *Paolino, T.J.*; *McCrady, B.S.*: Marriage and marital therapy. Brunner/Mazel, New York.

Heigl-Evers, A. u. *Heigl, F.* (1975): Zur tiefenpsychologisch fundierten oder analytisch orientierten Gruppenpsychotherapie des Göttinger Modells. Gruppenpsychother. Gruppendyn. 9, 237-266.

Heigl-Evers, A. u. *Heigl, F.* (1979): Die psychosozialen Kompromißbildungen als Umschaltstellen innerseelischer und zwischenmenschlicher Beziehungen. Gruppenpsychother. Gruppendyn. 14, 310-325.

Hirsch, S.R. (1979): Eltern als Verursacher der Schizophrenie - der wissenschaftliche Stand einer Theorie. Nervenarzt 50, 337-345.

Hirsch, S.R. u. *Leff, J.P.* (1975): Abnormality in parents of schizophrenics: a review of the literature and investigation of communication defects and deviances. Oxford University Press, London.

Kernberg, O.F. (1981): Objektbeziehungen und Praxis der Psychoanalyse. Klett-Cotta, Stuttgart. [Engl.: Object relations theory and clinical psychoanalysis. Aronson, New York 1976].

Kinsey, A.C.; *Wardell, B.P.* u. *Clyde, E.M.* (1954): Das sexuelle Verhalten der Frau. Fischer, Berlin. [Engl.: Sexual behavior in the human female. Saunders, Philadelphia/London 1953].

Kinsey, A.C.; *Wardell, B.P.* u. *Clyde, E.M.* (1955): Das sexuelle Verhalten des Mannes, Fischer, Berlin. [Engl.: Sexual behavior in the human male. Saunders, Philadelphia/London 1948].

Klüwer, R. (1985): Versuch einer Standortbestimmung der Fokaltherapie als psychoanalytische Kurztherapie. In: *Leuzinger-Bohleber, M.* (Hrsg.): Psychoanalytische Kurztherapien. Westdeutscher Verlag, Opladen.

Kolodny, R.C.; *Masters, W.H.* u. *Johnson, V.E.* (1979): Textbook of sexual medicine. Little, Brown & Comp., Boston.

König, K. (1982): Der interaktionelle Anteil der Übertragung in Einzelanalyse und analytischer Gruppenpsychotherapie. Gruppenpsychother. Gruppendynamik 18, 76-83.

König, K. (1984): Unbewußte Manipulation in der Psychotherapie und im Alltag. Georgia Augusta, Mai 1984, 10-16.

König, K. (1986): Schweigen und Sprechen in psychoanalytischen Gruppen. Gruppenpsychother. Gruppendynamik 22, 9-21

König, K. (1988): Basale und zentrale Beziehungswünsche. Forum Psychoanal. 4, 177-185.

König, K. (1991): Praxis der psychoanalytischen Therapie. Verlag für Medizinische Psychologie im Verlag Vandenhoeck & Ruprecht, Göttingen.

König, K. u. *Kreische, R.* (1985): Zum Verständnis von Paarbeziehungen aus psychoanalytischer Sicht. Forum Psychoanal. 1, 239-249.

Kreische, R. (1986): Zu den Auswirkungen von Charakterstruktur, Übertragung und Gegenübertragung bei der Behandlung neurotischer Paarkonflikte. Gruppenpsychother. Gruppendynamik 22, 22-35.

Kreische, R. (1990a): Die besseren Hälften. Paartherapie in zwei Systemen: die Kombination von Paar- und Gruppentherapie. In: *Massing, A.* (Hrsg.), Psychoanalytische Wege der Familientherapie. Springer, Berlin/Heidelberg/New York.

Kreische, R. (1990b): Paartherapie in zwei Systemen: die Kombination von Paar- und Gruppentherapie. Gruppenpsychother. Gruppendyn. 26, 245-257.

Mentzos, S. (1976): Interpersonale und institutionalisierte Abwehr. Suhrkamp, Frankfurt a.M.

Miller, S.; *Nunnally, E.W.* u. *Wackman, D.B.* (1975): Alive and aware. Interpersonal Communications Program. Minnesota.

Noller, P. (1984): Nonverbal communication an marital interaction. Pergamon, Oxford.

Raush, H.L.; *Barry, W.A.*; *Hertel, R.K.* u. *Swain, M.E.* (1974): Communication, conflict and marriage. Jossey-Bass, San Francisco.

Reich, G. (1984): Der Einfluß der Herkunftsfamilie auf die Tätigkeit von Therapeuten und Beratern. Prax. Kinderpsychol. Kinderpsychiat. 33, 61-69.

Reich, G. (1987): Partnerwahl und Ehekrisen. Fachbuchhandlung für Psychologie, Eschborn.

Reich, W. (1927): Die Funktion des Orgasmus. Zur Psychopathologie und zur Soziologie des Geschlechtslebens. Neue Arbeiten zur ärztlichen Psychoanalyse, Nr.6. Wien. [Neudruck: Die Funktion des Orgasmus. Kiepenheuer und Witsch, Köln 1972].

Rohde-Dachser, C. (1981): Dyade als Illusion? Zschr. Psychosom. Med. 27, 318-337.

Rohde-Dachser, C. (1989): Zurück zu den Müttern? Psychoanalyse in der Auseinandersetzung mit Weiblichkeit und Macht. Forum Psychoanal. 5, 19-34.

Rothschild, N. de (1984): La baronne rentre à cinq heures. Lattès, Paris.

Rotmann, M. (1985): Frühe Triangulierung und Vaterbeziehung. Forum Psychoanal. 1, 308-317.

Russell, B. (1952) Das menschliche Wissen. Holle, Darmstadt. [Engl.: Human knowledge. Allen & Unwin, London 1948].
Sperling, E.;, *Klemann, M.* u. *Reich, G.* (1980): Familienselbsterfahrung. Familiendyn. 5, 140-152.
Völker, K. (1988): Bertolt Brecht. Eine Biographie. Rowohlt, Reinbek.
Vogel, Ch. (1989): Vom Töten zum Mord. Das wirkliche Böse in der Evolutionsgeschichte. Hanser, München.
Walster, E.; *Utne, M.T.* u. *Traupman, J.* (1977): Equity-Theorie und intime Sozialbeziehungen. In: *Mikula, G.* u. *Ströbe, W.* (Hrsg.), Sympathie, Freundschaft, Ehe. Huber, Bern.
Willi, J. (1975): Die Zweierbeziehung. Rowohlt, Reinbek.
Willi, J. (1978): Die Therapie der Zweierbeziehung. Rowohlt, Reinbek.
Wing, J.K. (1987): Rehabilitation, Soziotherapie und Prävention. In: Kisker, K.P.; Lauter, H.; Meyer, J.-E.; Müller, C. u. Strömgren, E. (Hrsg.), Psychiatrie der Gegenwart. Bd.4: Schizophrenien. Springer, Berlin/Heidelberg/New York.
Winnicott, D.W. (1976): Von der Kinderheilkunde zur Psychoanalyse. Kindler, München.
Wurmser, L. (1981): The mask of shame. Johns Hopkins Univ. Press, Baltimore/London. [Dt.: *Wurmser, L.* (1990): Die Maske der Scham. Die Psychoanalyse von Schamaffekten und Schamkonflikten. Springer, Berlin/Heidelberg/New York].

Weitere Literatur

Ackermann, N. (1958): The psychodynamics of family life. Basic Books, New York.

Arentewicz, G. u. *Schmidt, G.* (Hrsg.; 1986): Sexuell gestörte Beziehungen. Konzepte und Technik der Paartherapie. Springer, Berlin/ Heidelberg/ New York, 2. Aufl.

Baruth, L.G. u. *Huber, C.H.* (1984): An introctuction to marital theory and therapy. Brooks/Cole, Monterey.

Bateson, G. (1972): Ökologie des Geistes. Suhrkamp, Frankfurt a.M.

Bauriedl, T. (1980): Beziehungsanalyse. Suhrkamp, Frankfurt a.M.

Baxter, L.A. u. *Wilmot, W.W.* (1985): Taboo topics in close relationships. J. Soc. Pers. Relationships 2, 253-269.

Bennun, I. (1986): Group marital therapy: a review. Sexual und Marital Therapy 1, 62-74.

Bentovim, A.; *Barnes, G.* u. *Cooklin, A.* (Hrsg.; 1982): Family therapy: Complementary frameworks of theory and practice. 2 Bde. Academic Press, New York/London.

Berger, M. (Hrsg.; 1978): Beyond the double bind. Brunner/Mazel, New York.

Birtchnell, J. (1986): The imperfect attainment of intimacy: A key concept in marital therapy. J. Family Therapy 8, 153-172.

Boszormenyi-Nagy, I. u. *Spark, G.M.* (1981): Unsichtbare Bindungen. Die Dynamik familiärer Systeme. Klett, Stuttgart [Engl.: Invisible loyalities. Harper & Row, Hagerstown, New York 1973].

Broderick, C.B. u. *Schrader, S.S.* (1981): The history of professional marriage and family therapy. In: *Gurman, A.S.* u. *Kniskern, D.P.* (Hsg.): Handbook of family therapy. Brunner/Mazel, New York.

Brunner, E.J. (Hrsg.; 1984): Interaktion in der Familie. Springer, Berlin/Heidelberg/New York.

Buchholz, M. (1982): Psychoanalytische Methode und Familientherapie. Verlag der psychoanalytischen Fachbuchhandlung, Frankfurt a.M.

Buchholz, M. (1990): Die unbewußte Familie. Springer, Berlin/ Heidelberg/ New York.

Buchholz, M. (1990): Hermeneutik und/oder Systemtheorie? System Familie 3, 23-36.

Cantor, D.W. (1982): Divorce: Separation or separation-individuation? A. J. Psychanal. 42, 307-313.

Christopher, F.S. u. *Cate, R.A.* (1985): Premarital sexual pathways and relationship development. J. Soc. Pers. Relationships 2, 271-288.

Cierpka, M. (Hrsg.; 1988): Familiendiagnostik. Springer, Berlin/ Heidelberg/New York.

Cierpka, M. u. *Nordmann, E.* (Hrsg.; 1988): Wie normal ist eine Normalfamilie? Springer, Berlin/Heidelberg/New York.
Ciompi, L. (1981): Psychoanalyse und Systemtheorie - ein Widerspruch? Ein Ansatz zu einer "psychoanalytischen Systemtheorie". Psyche 35, 66-86.
Crosby, J.F. (Hrsg.; 1989): When one wants out and the other doesn't. Doing therapy with polarized couples. Brunner/Mazel, New York.
Crowe, M. (1979): The treatment of sexual dysfunktion. In: Walrond-Skinner, S. (Hrsg.), Family and marital psychotherapy. Routledge & Kegan Paul, London.
Dryden, W. (1982): The relationships of depressend persons. In: Duck, S. u. Gilmour, R. (Hrsg.), Personal Relationships. Vol. 3. Academic Press, New York/London.
Dührssen, A. (1989): Psychotherapie bei Kindern und Jugendlichen. Ein Lehrbuch für Familien- und Kindertherapie. Verlag für Medizinische Psychologie im Verlag Vandenhoeck & Ruprecht, Göttingen, 7. Aufl.
Eckert, R. (Hrsg.; 1979): Geschlechtsrollen und Arbeitsteilung. Beck, München.
Elhardt, S. (1978): Über strukturspezifische Partnerprobleme. Prax. Psychother. Psychosom. 23, 27-40.
Ermann, M. u. *Seifert, T.* (Hrsg.; 1985): Die Familie in der Psychotherapie. Springer, Berlin/Heidelberg/New York.
Fürstenau, P. (1984): Der Psychanalytiker als systemisch arbeitender Psychotherapeut. Familiendynaik 9, 166-176.
Gottmann, J.M. 1979): Marital interaction. Academic Press, New York/San Francisco/London.
Gurman, A.S. u. *Kniskern, D.P.* (Hrsg.; 1981): Handbook of family therapy. Brunner/Mazel, New York.
Gurman, A.S. u. *Rice, D.G.* (Hrsg.; 1975): Couples in conflict. New directions in marital therapy. Jason Aronson, New York.
Hafner, R.J. (1983): Marital systems of agoraphobic women: contributions of husbands' denial und projection. J. Family Therapy 5, 379-396.
Heigl-Evers, A. (1972): Zum Konzept des impliziten Ehevertrags. Gruppenther. Gruppendyn. 6, 134-146.
Held, T. (1978): Soziologie der ehelichen Machtverhältnisse. Luchterhand, Darmstadt/Neuwied.
Hell, D. (1982): Ehen depressiver und schizophrener Menschen. Springer, Berlin/Heidelberg/New York.
Herdieckerhoff, G. (1985): Körpersprache in der psychoanalytischen Behandlungssituation. Zsch. Psychosom. Med. 31, 129-150.
Herdieckerhoff, G. (1986): Therapeutischer Umgang mit habitueller Körpersprache. Zsch. Psychosom. Med. 32, 181-195.
Hessler, M. u. *Lamprecht, F.* (1986): Der Effekt stationärer psychoanalytisch orientierter Behandlung auf den unbehandelten Partner. Psychother. Psychosom. Med. Psychol. 36, 173-178.
Höffgen, K.D.; *Bensen, L.*; *Dmoch, W.*; *Molinski, H.* u. *Nijs, P.* (1982):

Modifizierte Paartherapie. Die tiefenpsychologische Variante der "Masters und Johnson - Therapie". Sexualmedizin 11, 501-504.

Huston, T.L.; *Surra, C.A.*; *Fitzgerald, N.M.* u. *Cate, R.M.* (1981): From courtship to marriage: Mate selection as an interpersonal process. In: *Duck, S.* u. *Gilmour, R.* (Hrsg.) Personal Relationsips, Bd. 2. Academic Press, New York/London

Jackson, D.D. (1965): Family rules. Marital quid pro quo. Arch. Gen. Psychiat. 12, 589-594.

Jackson, D.D. u. *Grotjahn, M.* (1958): The re-enactment of the marriage neurosis in group psychotherapy. J. Nervous Mental Disease 127, 503-510.

Jäckel, U. (1980): Partnerwahl und Eheerfolg. Enke, Stuttgart.

Junker, H. (1972): Erfahrungen aus der Ehepaargruppentherapie mit Patienten aus der oben Unterschicht. Psyche 26, 370-388.

Kelly, C.; *Huston, T.L.* u. *Cate, R.M.* (1985): Premarital relationship correlates of the erosion of satisfaction in marriage. J. Soc. Pers. Relationships 2, 167-178.

König, K. (1986): Angst und Persönlichkeit. Verlag für Medizinische Psychologie im Verlag Vandenhoeck & Ruprecht, Göttingen, 2. Aufl.

König, K. u. *Kreische, R.* (1985): Partnerwahl und Übertragung. Familiendyn. 10, 341-352.

König, K. u. *Kreische, R.* (1985): Zum Verständnis von Paarbeziehungen aus psychoanalytischer Sicht. Forum Psychoanal. 1, 239-249.

König, K. u. *Lindner, W.V.* (im Druck): Psychoanalytische Gruppentherapie. Verlag Vandenhoeck & Ruprecht, Göttingen.

König, W.H. (1983): Psychoanalyse und Systemtheorie. In: *Mertens, W.* (Hrsg.), Psychoanalyse. Ein Handbuch in Schlüsselbegriffen. Urban & Schwarzenberg, München.

Kreische, R. (1985): Die Familie als Mittlerin zwischen Individuum und Gesellschaft. In: *Leber, A.; Trescher, H.-G.* u. *Büttner, C.* (Hrsg.), Die Bedeutung der Gruppe für die Sozialisation. Teil I: Kindheit und Familie. Verlag für Medizinische Psychologie im Verlag Vandenhoeck & Ruprecht, Göttingen.

L'Abate, L. u. *McHenry, S.*(1983): Handbook of marital interventions. Grune & Stratton, New York/London/Paris.

Langer, D. u. *Langer, S.* (1988): Sexuell gestörte und sexuell zufriedene Frauen. Huber, Bern/Stuttgart/Toronto.

Lemaire, J.G. (1972): Die Ehekrise. In: Duss-von Werdt, J. (Hrsg.), Die Zukunft der Monogamie. Katzmann, Tübingen, S. 81-97.

Lemaire, J.G. (1980): Leben als Paar. Walter, Olten/Freiburg i.Br.

Lloyd, S.A. u. *Cate, R.M.* (1985): The developmental course of conflict in dissolution of premarital relationships. J. Soc. Pers. Relationships 2, 179-194.

Lloyd, S.A. u. *Cate, R.M.* (1985): Attributions associated with significant turning points in premarital relationship development and dissolution. J. Soc. Pers. Relationships 2, 419-436.

Lüders, W. (1983): Psychoanalyse versus Familientherapie. Psyche 37, 462-469.

Mahler, E. (1970): Probleme und Vorteile der Gruppenpsychotherapie bei Ehekrisen. Gruppenpsychoth. Gruppendyn. 4, 172-178.

Markman, H.J.; *Floyd, F.* u. *Dickson-Markman, F.* (1984): Towards a model for the prediction and primary precention of marital and family distress and dissolution. In: *Duck, S.*; *Gilmour, R.* (Hrsg.), Personal Relationships, Vol. 4. Academic Press, New York, London.

Massing, A. (Hrsg.; 1980) Psychoanalytische Wege der Familientherapie. Springer, Berlin/Heidelberg/New York.

Maxwell, G.M. (1985): Behavior of lovers: measuring the closeness of relationships. J. Soc. Pers. Relationships 2, 215-238.

McGoldrick, M. u. *Preto, G.N.* (1984): Ethnic intermarriage: implications for therapy. Family Process 23, 347-364.

Mikula, G., *Stroebe. W.* (Hrsg.; 1977): Sympathie, Freundschaft und Ehe. Huber, Bern/Stuttgart/Wien.

Mittelman, B. (1948): The concurrent analysis of married couples. Psychoanal. Quarterly 17, 182-197.

Moeller, M.L. u. *Moeller-Gambaroff, M.* (1978: Veränderungen von Paarbeziehungen durch Gruppenanalyse. Familiendyn. 1, 47-66.

Newcomb, M.D. u. *Bentler, P.M.* (1981): Marital breakdown. In: *Duck, S.* u. *Gilmour, R.* (Hrsg.), Personal relationships, Vol. 3. Academic Press, New York, London.

Noller, P. (1985): Negative communications in marriage. J. Soc. Pers. Relationships 2, 289-301.

Oberndorf, C.P. (1934): Folie à deux. Int. J. Psychoanal. 15, 14-24.

Oberndorf, C.P. (1938): Psychoanalysis of married couples. Psychoanal. Review 25, 453-475.

Ogden, T.H. (1979): On projective identification. Int. J. Pscho-Anal. 60, 357-373. [Dt.: *Ogden, T.H.* (1988): Die projektive Identifikation. Forum Psychoanal. 4, 1-21].

Paul, N.L. (1980): Die Scheidung als äußerer und innerer Prozeß. Familiendyn. 5, 229-241.

Perlmutter, R.A. u. *Babineau, R.* (1983): The use of dreams in couples therapy. Psychiatry 46, 66-72.

Pike, G.R. u. *Sillars, A.L.* (1985): Reciprocity of marital communication. J. Soc. Pers. Relationships 2, 303-324.

Preuss, H.G. (1972): Neurotische Symptomatik und Interaktion in der Partnerbeziehung. Gruppenpsychother. Gruppendyn. 6, 193-209.

Preuss, H.G. (1973): Ehepaartherapie. Beitrag zu einer psychoanalytischen Partnertherapie in der Gruppe. Kindler, München.

Reich, G. (1986): Warum ist die Schuldfrage aus Scheidungskonflikten so schwer herauszuhalten? Fragmente 22, 73-97.

Reich, G. (1987): Das sexuelle Erleben von Paaren auf dem Hintergrund ihrer Familiengeschichte. In: *Massing, A.* u. *Weber, I.* (Hrsg.), Lust und Leid. Springer, Berlin/Heidelberg/New York.

Reich, G. (1988): Trennungskonflikte. Wege zum Menschen 40, 194-208.
Reiter, L. (1983): Gestörte Paarbeziehungen. Verlag für Medizinische Psychologie im Verlag Vandenhoeck & Ruprecht, Göttingen.
Reiter, L.; *Brunner, E.J.* u. *Reiter-Theil, S.* (Hrsg. 1988): Von der Familientherapie zur systemischen Perspektive. Springer, Berlin/Heidelberg/New York.
Reiter-Theil, S.; *Reiter, L.*; *Steiner, E.* u. *Mach, M.* (1985): Einstellung von Klienten zu Eheberatung und Beratungserfolg. Familiendyn. 10, 147-169.
Richter, H.-E. (1972): Patient Familie. Rowohlt, Reinbek.
Ryle, A. (1979): Couple therapy. In: *Walround-Skinner, S.* (Hrsg.), Family and marital therapy. Routledge & Kegan Paul, London.
Sager, C.J. (1976): Marriage contracts and couple therapy. Brunner/Mazel, New York.
Sander, F.M. (1979): Individual and family therapy. Aronson, New York/London.
Sandler, J. (Hrsg.; 1988): Projection, identification, projective identification. Karnac, London. International Universities Press, Madison.
Sandler, J. (1976): Countertransference and role responsiveness. Int. Rev. Psycho-Anal. 3, 43-47. [Dt.: Gegenübertragung und Bereitschaft zur Rollenübernahme. Psyche 30, 1976, 297-305].
Scharff, D.E. (1982): The sexual relationship. Routledge & Kegan Paul, Boston/London/Melbourne/Henley.
Scharff, D.E. u. *Scharff, J.S.* (1987): Object relations family therapy. Jason Aronson, Northvale/London.
Scholz, O.B. (1987): Ehe- und Partnerschaftsstörungen. Kohlhammer, Stuttgart/Berlin/Köln.
Sharpe, S.A. (1981): The symbiotic marriage. A diagnostic profile. Bull. Menninger Clinic 45, 89-114.
Simon, F.B. (1988): Unterschiede, die Unterschiede machen. Springer, Berlin/Heidelberg/New York.
Simon, F.B. u. *Stierlin, H.* (1984): Die Sprache der Familientherapie. Ein Vokabular. Klett, Stuttgart,
Skynner, A.C.R. (1978): Die Familie. Schicksal und Chance. Handbuch der Familientherapie. Walter, Olten/Freiburg. [Engl.: One flesh: separate persons. Principles of family and marital therapy. Constable, London 1976].
Skynner, A.C.R. u. *Cleese, J.* (1988): Familie sein dagegen sehr. Jungfermann, Paderborn.
Slipp, S.(1988): The technique and practice of object relations family therapy. Aronson, Northvale/London.
Sperling, E. (1971): Psychotherapeutische Erfahrungen mit Ehepaargruppen. Z. Psychosom. Med. 17, 335-346.
Sperling, E.; *Massing, A.*; *Reich, G.*; *Georgi, H.* u. *Wöbbe-Mönks, E.* (1982): Die Mehrgenerations-Familientherapie. Verlag für Medizinische Psychologie im Verlag Vandenhoeck & Ruprecht, Göttingen.

Spinks, S.H. u. *Birchler, G.R.* (1982): Behavioral-systems marital therapy: dealing with resistance. Family Process 21, 169-185.

Stierlin, H. (1975): Eltern und Kinder im Prozeß der Ablösung. Familienprobleme in der Pubertät. Suhrkamp, Frankfurt a.M.

Stierlin, H. (1988): Systemischer Optimismus - systemischer Pessimismus. Familiendyn. 13, 69-75.

Strotzka, H. (1979): Ist Familientherapie auf psychoanalytischer Basis möglich? In: Theorie und Praxis der Psychoanalyse. Bonz, Fellbach.

Thelen, M.H.; *Fischbein, M.D.* u. *Tatten, H.A.* (1985): Interpersonal similarity: A new approach to an old question. J. Soc. Pers. Relationships 2, 437-446.

Thiessen, D. u. *Gregg, B.* (1980): Human assortive Mating and genetic equilibrium: an evolutionary perspective. Ethology and Sociobiology 1, 111-140.

Trabold, N. (1983): Analytische Gruppenpsychotherapie mit Paaren. In: Schmidt, H. (Hrsg.), Wege zur Identität. Königshausen & Neumann, Würzburg.

Utne, M.K.; *Hatfield, E.*; *Traupmann, J.* u. *Greenberger, D.* (1984): Equity, marital satisfaction and stability. J. Soc. Pers. Relationships 1, 323-332.

Walround-Skinner, S. (Hrsg.; 1979): Family and marital psychotherapy. Routledge & Kegan Paul, London.

Watzlawick, P. u. *Weakland, J.H.* (Hrsg.; 1980): Interaktion. Huber, Bern/ Stuttgart/Wien. [Engl.: The interactional view. Studies at the Mental Research Institute, Palo Alto 1965-1974. Norton, New York 1977].

Watzlawick, P.; *Weakland, J.H.* u. *Fisch, R.* (1979): Lösungen. Zur Theorie und Praxis menschlichen Wandels. Huber, Bern, Stuttgart, Wien, 2. Aufl. [Engl.: Change, Principles of problem formation and problem resolution. Norton, New York 1974].

Willi, J. (1981): Therapie von Sexualstörungen - Paartherapie oder Sexualtherapie? Familiendyn. 6, 248-259.

Willi, J. (1984): The concept of collusion: A combined sytemic-psychodynamic approach to marital therapy. Family Process 23, 177-185.

Willi, J. (1985): Koevolution. Die Kunst des gemeinsamen Wachsens. Rowohlt, Reinbek.

Willi, J. u. *Buddeberg, C.* (1985): Was Paartherapeuten sagen und was sie agieren. Familiendyn. 10, 303-305.

Winter, W.D.; Ferreira, A.J. u. *Bowers, N.* (1973): Decision making in married and unrelated couples. Family Process 12, 83-94.

Wirsching, M. u. *Stierlin, H.* (1982): Krankheit und Familie. Klett, Stuttgart.

Yaffé, M. (1981): Disordered sexual relationships. In: *Duck, S.* u. *Gilmour, R.* (Hrsg.), Personal relationships, Bd.3. Academic Press, New York/ London.

Zauner, J. (1976): Familiendynamik und anlytische Kindertherapie. Verlag für Medizinische Psychologie im Verlag Vandenhoeck & Ruprecht, Göttingen.

Sachregister

Ludwig Reiter

Gestörte Paarbeziehungen

Theoretische und empirische Untersuchungen zur Ehepaardiagnostik. 1983. 216 Seiten mit 46 Abbildungen, kartoniert

»Das Buch schildert in anschaulicher Form die Verzahnung psychischer Symptome und Syndrome mit der Interaktion der Ehepartner und gibt damit auch dem nicht im engeren Sinne familientherapeutisch Tätigen einen guten Überblick über die komplexen Zusammenhänge zwischen psychischen Störungen und Ehepartnerbeziehungen.«

Psychiatrische Praxis

Heinz St. Herzka / Annemarie v. Schumacher / Sylvie Tyrangiel

Die Kinder der Verfolgten

Die Nachkommen der Naziopfer und Flüchtlingskinder heute. (Beiheft 29 zur Zeitschrift »Praxis der Kinderpsychologie und Kinderpsychiatrie«). 1989. 154 Seiten mit 3 Abbildungen und 3 Tabellen, kartoniert

Ulrich Knölker

Zwangssyndrome im Kindes- und Jugendalter

Klinische Untersuchung zum Erscheinungsbild, den Entstehungsbedingungen und zum Verlauf. (Beiheft 28 zur Zeitschrift »Praxis der Kinderpsychologie und Kinderpsychiatrie«). 1987. 185 Seiten mit 22 Abbildungen und 36 Tabellen, kartoniert

Israel Orbach

Kinder, die nicht leben wollen

Aus dem Amerikanischen von Ute Schneider. (Sammlung Vandenhoeck). 1990. 243 Seiten, Paperback

Vandenhoeck & Ruprecht